定点帮扶与乡村振兴丛书

日照坝上

昌宁县文化振兴实践与理论思考

程龙　田阡　著

西南大学出版社
国家一级出版社　全国百佳图书出版单位
·重庆·

图书在版编目(CIP)数据

日照坝上：昌宁县文化振兴实践与理论思考 / 程龙, 田阡著. — 重庆：西南大学出版社, 2022.6
(定点帮扶与乡村振兴丛书)
ISBN 978-7-5697-1495-1

Ⅰ.①日… Ⅱ.①程…②田… Ⅲ.①地方文化—文化事业—建设—昌宁县 Ⅳ.①G127.744

中国版本图书馆CIP数据核字(2022)第086316号

日照坝上：
昌宁县文化振兴实践与理论思考
RI ZHAO BA SHANG：
CHANGNING XIAN WENHUA ZHENXING SHIJIAN YU LILUN SIKAO

程龙 田阡 著

责任编辑：	杜珍辉 秦 俭
责任校对：	陈铎夫
装帧设计：	殳十堂_未氓
照　　排：	吴秀琴
出版发行：	西南大学出版社(原西南师范大学出版社)
	重庆·北碚　邮编：400715
经　　销：	新华书店
印　　刷：	重庆新生代彩印技术有限公司
幅面尺寸：	170 mm × 240 mm
印　　张：	9
字　　数：	140千字
版　　次：	2022年6月第1版
印　　次：	2022年6月第1次
书　　号：	ISBN 978-7-5697-1495-1

定　　价：50.00元

前言

"彩云之南雾故乡,绿水青山鹭成行。霞客升庵醉忘归,璀璨明珠映沧江。"在滇西高原美丽的澜沧江畔,镶嵌着一颗"绿色明珠",它就是云南省昌宁县,地处大理、临沧、保山接合部,面积3 888平方公里,其中山区面积占97%,辖9镇4乡、79个村45个社区。有汉、苗、彝、傣等8个世居民族。总人口35.5万人,农业人口占70.3%,少数民族人口约12%。当地以山川秀美、物产丰富与人文荟萃扬名于世。一代代昌宁人沿着澜沧江畔的茶马古道走向远方,把中华文明传播到东南亚腹地。在推进中华民族伟大复兴历史进程中,这座"滇西最美田园城市"也凝聚着各族群众休戚与共、荣辱与共、生死与共、命运与共的情愫。

自脱贫攻坚战打响以来,西南大学根据教育部、国务院扶贫办《关于进一步充实教育部直属高校定点扶贫工作力量的通知》精神,坚持以立德树人为根本,发挥"新文科"、"新农科"和大教育特色优势,坚守三农情怀,践行教育初心,肩负科教扶贫、科技兴农和科研赋能的时代使命,在这片热土上如火如荼地开展对口支援和定点帮扶工作。

对口支援作为高校的一项重要职能由来已久。这项工作要求高校逐步走出象牙塔,与社会紧密联系。正如习总书记指出的,"我国高等教育要立足中华民族伟大复兴战略全局和世界百年未有之大变局,心怀'国之大者',把握大势,敢于担当,善于作为,为服务国家富强、民族复兴、人民幸福贡献力量"①。新时代高校作为社会系统的一个组成部分,以开放的思维推动创新改革,以社会服务适应和引领时代之需,为地方发展提供充分的智力和技术支持,其战略意义不断得以凸显和强化。

肩负定点帮扶昌宁县的历史使命,为了充分发挥定点帮扶在实践育人中的重要载体作用,西南大学整合全校多学科力量,精心组织了"记住乡愁·脱贫攻坚"社会服务工作队(亦称"文化帮扶团队"),于2020年7月克服疫情影响,以昌宁县湾甸傣族乡作为文化帮扶点,全面深入开展文化挖掘和与文化振兴相关的田野实地调研,为当地铸牢中华民族共同体意识注入爱国主义、民族团结进步之魂。

文化帮扶团队对昌宁的历史文化资源做了深入的了解和梳理,紧密围绕西南大学定点帮扶昌宁县整体计划,立足湾甸傣族乡乡村振兴建设需要,积极开展民族传统文化与非物质文化遗产挖掘与保护、乡村文化研究与文化产业开发等方面的调查研究,进行了以"撰写一本村史村志、支持一个傣学研究会、规划一个文化活动场所、拍摄一张全家福、帮扶一支傣族歌舞队、持续资助一名傣族中学生"为主要内容的"六个一"系列帮扶活动。通过多种方式与定点帮扶地的干部和群众进行交流、做调研访谈,特别注重对当地民族文化和历史资源的挖掘,有了很好的前期积累,为总结提炼昌宁湾甸区域民族传统文化的丰厚内涵,提升湾甸傣族乡的整体文化形象打下了基础,同时对文化帮扶的路径和乡村文化振兴进行了理论与实践相结合的探究。

这种有组织地将社会服务和科学研究相结合的工作方式,无论是给高校的社会服务工作还是给县域社会经济发展都注入了崭新的活力。西南大学对口支援昌宁县长效机制的形成,有利于促进高校与地区之间的良性互动与沟通协作,也督促着我们不断深入田间地头去探索和实践。

---

① 习近平在清华大学考察时强调:坚持中国特色世界一流大学建设目标方向　为服务国家富强民族复兴人民幸福贡献力量[N].人民日报,2021-04-20(1).

我们的工作是为昌宁县民族团结进步事业添砖加瓦的工作,为乡村脱贫攻坚[①]提供了高校定点帮扶的"样本",促进了当地社会经济的发展。可以自豪地说,文化帮扶团队为当地乡村文化振兴、走向富裕之路贡献了力量。

本书以2020年7月的文化帮扶活动为基础,既有对帮扶湾甸傣乡具体过程的记录,也有对将脱贫攻坚成果与乡村振兴有效衔接的理论探索。我们希望进一步发挥高校优势,形成文化帮扶特色路径,与昌宁县各族人民一起,始终高举中华民族大团结的旗帜,凝聚共识,扎好中华民族的"同心结",汇聚起实现中国梦的磅礴力量!

[①] 我国已于2021年全面建成小康社会,脱贫攻坚战取得了全面胜利,因本书内容的撰写主要基于西南大学"记住乡愁·脱贫攻坚"社会调查工作队从2020年度开始在云南省昌宁县调研和实践帮扶工作方面的素材,考虑到时间的特殊性,文本中仍采用"全面建成小康社会""脱贫攻坚"等说法,也涉及大量的相关内容,特此说明。

目录

第一章　培根铸魂：从文化扶贫到文化振兴……………………1

一、文化扶贫与文化振兴的时代关怀………………………3

二、文化扶贫的理论探索……………………………………5

三、文化扶贫到文化振兴的实践演进………………………9

四、云南省文化扶贫的多维度实践…………………………12

五、昌宁县文化扶贫实践审视………………………………17

六、西南大学文化帮扶团队的实践思考……………………18

第二章　文化之旅：实证调研与村志撰写……………………22

一、甄选调研对象……………………………………………22

二、撰写村志工作简介………………………………………25

三、调研方法与过程…………………………………………28

四、调研思考与展望…………………………………………45

第三章　现实观照：湾甸傣族乡精神文化风貌、文化振兴的问题与对策……47

一、湾甸傣族乡精神风貌的特征与成因……………………47

二、湾甸傣族乡文化振兴的问题与对策……………………57

第四章　留住乡愁:高校技术优势服务乡村生态振兴 ········· 61
   一、建设田园综合体:打造昌宁湾甸的文化名片 ············· 62
   二、规划生态博物馆:留在昌宁湾甸的乡愁记忆 ············· 69

第五章　活化民俗:高校文化资源培育乡村文化载体
        ——以马棒寨舞蹈队为例 ························· 75
   一、马棒寨舞蹈队的现状 ································· 76
   二、舞蹈背后的文化意蕴 ································· 81
   三、活化乡村文化资源的创新路径 ························· 82

第六章　扶志扶智:文化帮扶助力乡村教育 ················· 85
   一、教育帮扶:扶贫先扶智 ······························· 86
   二、定点帮扶:扶贫先扶志 ······························· 90
   三、结对帮扶:学生传帮带 ······························· 93

第七章　塑文明乡风:文化帮扶凝心聚力 ··················· 97
   一、同根相生的亲缘:湾甸傣乡的家庭观念 ················· 98
   二、"两边在"的凝聚:湾甸傣家的生活形式 ················ 99
   三、乡村风尚的彰显:全家福拍摄传承家风 ················ 101

第八章　组织资源：文化帮扶助力傣学研究 …………………105
　一、昌宁县傣学研究会 ……………………………………………106
　二、帮扶昌宁县傣学研究会的初衷 ………………………………110
　三、支援昌宁县傣学研究会的举措 ………………………………112

第九章　余论：日照坝上，文化振兴在路上 ………………………115
　一、疑惑：我们能为其做什么 ……………………………………115
　二、发现：我们带给村寨的变化 …………………………………116
　三、坚信：文化振兴恰逢其时 ……………………………………117
　四、思考：学科服务文化振兴 ……………………………………117

第十章　远方坝子的悠悠之情 ………………………………………122
　一、触动内心的柔软 ………………………………………………123
　二、乡土、乡村与乡情 ……………………………………………125
　三、湾甸坝子里的傣乡情 …………………………………………127
　四、彩云之南的思念 ………………………………………………128

后　记 …………………………………………………………………130

第一章
培根铸魂：从文化扶贫到文化振兴

"国民之魂,文以化之;国家之神,文以铸之"。文化是人类在社会历史发展过程中所创造的物质财富和精神财富的总和,是人类历史变迁的载体。习近平总书记指出:"文化自信,是更基础、更广泛、更深厚的自信,是更基本、更深沉、更持久的力量。坚定文化自信,是事关国运兴衰、事关文化安全、事关民族精神独立性的大问题。"

大到一个国家、一个民族,小到一个家庭、一个个体,既需要良好的物质生活保障,也需要丰富的精神生活滋养。历史昭示我们,文化是民族的根,一个民族的崛起或复兴,常常以民族文化的复兴和民族精神的重塑为先导。2021年初,习近平总书记来到贵州,做出重要指示,明确了"要支持少数民族和民族地区发展特色优势产业,繁荣发展少数民族文化","脱贫之后,要接续推进乡村振兴,加快推进农业农村现代化"等使命任务。我们"要深入挖掘、继承、创新优秀传统乡土文化,把保护传承和开发利用有机结合起来,把我国农耕文明优秀遗产和现代文明要素结合起来,赋予新的时代内涵,让我国历史悠久的农耕文明在新时代展现其魅力和风采"。习近平总书记的重要论述,彰显了中国共产党人高度的文化自信和文化使命感,也为我们推动新时代乡村文化振兴,筑牢文化自信之基提供了重要遵循。

扶贫先扶志,扶贫必扶智。帮助贫困群众脱贫,必须转变其思想观念,这是保质保量打赢脱贫攻坚战绕不过去的弯。授人以鱼,不如授人以渔。诚然,十年树木,百年树人。文化扶贫既是区别于经济扶贫和政策扶贫的新型扶贫模式,是阻隔贫困代际传递、打赢脱贫攻坚战的核心手段,又是纠正贫困心理和贫困行为方式,激发群众上进心和脱贫内生动力的重要手段。贫困不仅是一种经济现象,也是一种社会、文化现象。造成贫困的根源不仅有经济、社会、自然环境等因素,更有深层次的文化缺失等问题。文化贫困是人们在长期贫困环境中形成的心理定式、生活模式和价值理念等,是最深层次的贫困。因此,从根本上说,物质生活的贫困只是贫困问题的表象,社会文化资源的贫瘠导致的精神贫困才是贫困问题的根源。扶贫的最终目标是改变贫困地区经济、社会、文化的落后状况。治贫必先治愚,文化扶贫就是要帮助贫困地区的人民改变观念、重塑价值理念,弥合贫困地区的文化断裂。文化扶贫不能局限于短期临时性的社会文化福利活动,其是一项长久的精神文明建设工程,必须下大气力,才能彻底改变贫困地区的文化"洼地"状况,彻底阻断贫困代际传递,实现贫困地区的彻底脱贫。

高校具有智力和文化教育资源优势,在对口文化帮扶中,可为贫困地区输送优质的文化与教育,赋予其文化动能,提升其自我发展能力。在文化帮扶过程中,贫困社区的文化能人、文化自组织是文化赋能的重要载体,基层政府是贫困社区公共空间营造的重要力量。文化扶贫实践的成效,取决于乡土社会内部的文化资源网络与政府制度供给的文化服务平台之间的耦合程度[1]。在帮扶工作中我们发现,在实现乡村文化振兴的过程中,乡土社会内部的文化资源发挥着重要的作用,村民们自我发展能力的提升及社区公共空间的营造,对于促进社群文化自觉、文化自信和文化认同发挥了关键作用,进而形成推动社区融合发展的内生动力。脱贫攻坚的文化路径,在于发挥基层政府的治理能力与社区自组织的运行能力,使其协同联动,赋予贫困社区与贫困人口文化动能,以达到文化传承、文化育人和文化富民的目标。

---

[1] 耿达:《民族地区脱贫攻坚与乡村振兴有效衔接的文化路径——基于一个少数民族村寨的文化扶贫实践》,《思想战线》2021年第5期。

一、文化扶贫与文化振兴的时代关怀

1.文化扶贫的时代关怀

改革开放四十多年来,党和国家推动农业农村发展取得了历史性的成就、发生了历史性变革,农民生产、生活条件得到了普遍改善。但同时也要看到,当前我国农业生产总量大,但竞争力不强,农民收入水平与城镇居民收入水平相比差距仍然较大,农村文化、教育、医疗卫生、基建等方面仍然较为落后。基于我国的特殊国情和积极回应农民对美好生活的向往,《决胜全面建成小康社会 夺取新时代中国特色社会主义伟大胜利——在中国共产党第十九次全国代表大会上的报告》明确提出要实施乡村振兴战略,加快推进我国农业农村现代化,并提出了产业兴旺、生态宜居、乡风文明、治理有效、生活富裕的总要求。2018年发布的《中共中央国务院关于实施乡村振兴战略的意见》,对我国实施乡村振兴战略进行了全面部署。2018年3月,习近平总书记在参加十三届全国人大一次会议山东代表团审议时指明了乡村文化建设的方向,为乡村文化建设提供了基本遵循,强调了文化在农村发展中的重要性。他指出,"要推动乡村文化振兴,加强农村思想道德建设和公共文化建设,以社会主义核心价值观为引领,深入挖掘优秀传统农耕文化蕴含的思想观念、人文精神、道德规范,培育挖掘乡土文化人才,弘扬主旋律和社会正气,培育文明乡风、良好家风、淳朴民风,改善农民精神风貌,提高乡村社会文明程度,焕发乡村文明新气象"。文化是"五位一体"总体布局中的重要组成部分,也是当前农村地区发展较为薄弱的环节。农村文化扶贫既包含加强文化建设的内容,又在扶贫工作中起着"扶志""扶智"的作用。文化扶贫不但有益于贫困地区的自我发展,而且有益于农村精神文明建设的发展以及农村社会的全面进步,对促进农村的现代化发展有重要作用。

我国文化扶贫工作的理念和模式都在长期实践中不断发展。虽然"万村书库""手拉手""报刊下乡"等惠民工程深受广大农民的欢迎,但是现有文化扶贫措施仍不能满足农村对文化数量和质量的需求。传统的文化扶贫工作模式存在一定的缺陷,尤其是在资金保障、文化服务覆盖面、文化建设制度保障、文化服务评价机制等方面存在诸多不足。破解这些难题是文化扶贫工作不断取得新成就的必由之路,值得深入探究。农村摆脱文化贫困,更重要的是摆脱精神贫困,只有摆脱精神贫困,才能逐渐实现文化振兴,以文化的振兴盘活"五个振兴",从而尽快实现乡村振兴战略。

农村文化贫困在同一个地区不同时期判断衡量标准不同;同一时期,表现形式因地区差异而有所不同。如:一些农村村民存在教育贫困、知识贫困,主动获取、吸收和运用知识的内生能力缺失,信仰缺失、价值观扭曲,物质生活和精神生活不协调等等。在一定的社会经济发展阶段,文化贫困不利于农村经济社会发展,不利于缩小城乡差距,不利于乡村文化振兴,更不利于中国式现代化目标的实现。

立足新时代,要想实现乡村脱贫致富,必须高度重视农村文化事业的发展,通过文化事业的开展,不断提升广大农民群众的文化素质、思想水平以及技术水平,从源头上解决贫困。文化扶贫通过智力投资提升乡村劳动力素质,进一步夯实农业生产的技术基础和增强村民的创新发展能力。由此,文化扶贫就成为农村供给侧结构性改革和推动农村社会经济发展的主要动力。文化扶贫重在发挥以文化人的作用,通过在贫困地区大力弘扬社会主义核心价值观,积极传播正能量,破除陈规陋习和落后思想观念,使广大群众的内生动力得以激发,使其团结一致地积极参与到脱贫行列中来。

2.文化振兴的时代关怀

《中共中央国务院关于实施乡村振兴战略的意见》对繁荣农村文化、焕发农村文明新气象作出全面部署,对加强农村思想道德建设、传承发展提升农村优秀传统文化、加强农村公共文化建设、开展移风易俗行动提出了明确要求。实现乡村振兴,既要塑形,也要铸魂。没有乡村文化的高度自信,没有乡村文化的繁荣发展,就难以实现乡村振兴的伟大使命。

2021年6月,文化和旅游部发布的《"十四五"公共文化服务体系建设规划》提出:以文化繁荣助力乡村振兴,全面落实乡村振兴战略,按照有标准、有网络、有内容、有人才的要求,健全乡村公共文化服务体系;精准对接人民群众文化需求,完善"订单式""菜单式""预约式"服务机制;推动公共文化服务数字化、网络化、智能化建设。2022年发布的《中共中央 国务院关于做好2022年全面推进乡村振兴重点工作的意见》要求启动实施文化产业赋能乡村振兴计划,加强农耕文化传承保护,推进非物质文化遗产和重要农业文化遗产保护利用。2022年3月,文化和旅游部、教育部、自然资源部、农业农村部、国家乡村振兴局、国家开发银行联合印发《关于推动文化产业赋能乡村振兴的意见》,明确以文化引领乡村发展,着力推动文化为乡村振兴提质增速。《高举中国特色社会主义伟大旗帜 为全面建设社会主义现代化国家而团结奋斗——在中国共产党第二十次全国代表大会上的报告》指出,"全面建设社会主义现代化国家,最艰巨最繁重的任务仍然在农村。坚持农业农村优先发展,坚持城乡融合发展,畅通城乡要素流动。加快建设农业强国,扎实推动乡村产业、人才、文化、生态、组织振兴"。这些都表明文化振兴在乡村发展中的重要作用,说明乡村文化振兴已上升到国家经济社会发展的战略层面。文化振兴是精神文明建设的有效载体,有助于增强民族凝聚力,树立公民的文化自信心,有助于弘扬社会正义,塑造社会风气,增强群众干事创业的热情、勇气和爱岗敬业精神,有助于提升社会对继承、发扬优秀传统文化的认识,充分调动文化工作者和文化传承人的积极性、主动性和创造性。推动乡村文化振兴是解决新时代社会主要矛盾、重建乡村文化自信的必然要求,事关中国式现代化目标的实现,具有全局性和战略性意义,应充分利用脱贫攻坚阶段建成的农村文化阵地,让文化振兴在巩固拓展脱贫攻坚成果同乡村振兴有效衔接的过程中真正发挥黏合作用。

二、文化扶贫的理论探索

(一)文化扶贫的内涵

在我国文化扶贫工作开展过程中,对文化扶贫概念的界定,学界形成了两种不同的观点。第一,把文化扶贫与发展文化基本等同。段超认为,文化扶贫通过能动地变革特定社区落后的社会文化因素,传播、注入有活力的文化因子,使该区域的社会群体意识发生变化,从而使之能够更好地适应生产力的发展。①饶蕊、耿达认为,文化扶贫是在政府的主导下,因需而异、因地制宜地为贫困地区和贫困人口提供公共文化产品与服务,实现精神扶贫和智力扶贫的过程。②第二,把文化扶贫作为摆脱文化和经济落后困境的手段。逸竹指出,文化扶贫就是要对尚处于贫困状态的老少边穷地区的农村和农民,在普及科学文化知识、提高人们的思想道德素质方面,投入必要财力、物力和人力,并且给予具体的帮助和指导,使这些地区的人们早日摆脱文化和经济落后的困境。③孙自铎也认为,文化扶贫的目的是要解决贫困地区社会资源贫乏的问题,重在以人为本,着眼于人的素质提高,通过开发农民自身潜力与智能,实现对自然资源的开发、经济的发展,进而使这些地区的农民走上富裕之路。④曲蕴、马春提出,文化扶贫是以有效提升贫困人口文化素养和知识技能为目标,逐步改善和推动贫困地区经济和文化发展的过程。⑤从宏观的角度和历史的层面来看,乡村文化扶贫应主要把握如下内涵和要求:

一是要重视传统文化资源的保护利用。在长期的生产生活中,独特的自然环境、生产方式、社会组织、风俗习惯等构成了丰厚的乡村文化资源。正是这些丰厚的传统文化资源,才使乡村具备了与城市不同的独特的文化形态,乡村传统文化资源是中华文化基因库的重要组成部分。

二是要尊重农民的文化主体地位。乡村文化建设的主体是农民,乡村文化建设归根结底也是为广大农民服务的。要加强农民对文化建设重要性的认识,鼓励广大农民积极参与其中,让广大农民在建设自己的文化家园的过程中有发言权和决定权。

三是要推动形成新的乡村文化。习近平总书记强调,要"传承发展提升农耕文明,走乡村文化兴盛之路"。人类在长期的发展过程中,创造了

---

① 段超:《关于民族地区文化扶贫问题的思考》,《中南民族学院学报(哲学社会科学版)》1995年第1期。
② 饶蕊,耿达:《文化扶贫的内涵、困境与进路》,《图书馆》2017年第10期。
③ 逸竹:《"文化扶贫"与"文化促贫"》,《瞭望新闻周刊》1995年第9期。
④ 安徽省社科院课题组:《文化扶贫:扶贫方式的重大创新》,《中国农村经济》1997年第12期。
⑤ 曲蕴,马春:《文化精准扶贫的理论内涵及其实现路径》,《图书馆杂志》2016年第9期。

巨大的物质财富和精神财富。一个国家和民族,没有文明的传承和发展,没有文化的兴盛,就难以强大起来。

(二)文化扶贫模式

"乡村优秀传统文化得以传承和发展,农民精神文化生活需求基本得到满足"既是《乡村振兴战略规划(2018—2022年)》发展目标之一,也是农民提高自身素质、增强幸福感的需要,更是推动乡村振兴的内在强大力量。文化扶贫的主体当然是政府,政府要加强价值引导,在注重"志""智"双扶的基础上通过加强文化基础设施建设、丰富文化产品供给、提升公共文化服务水平,因需而设、因地制宜,有效提升农村人口的文化素养和知识技能,满足农村人口的文化需求,逐步推动农村地区的经济、文化发展。目前文化扶贫主要有三大创新模式。第一,图书馆文化扶贫模式。以图书馆为依托,促进文化扶贫的开展。严贝妮、万尹菲提出,应推进文化精准扶贫、打造文化扶贫馆员队伍、加强图书馆文化扶贫宣传推广、重视数字文化扶贫。[1]胡铭燚从经济、社会、文化和政策的角度分析了构建基于社会协同的图书馆文化扶贫机制的可行性,并从扶贫对象的需求出发,结合各扶贫参与主体的特点,设计出基于社会协同的图书馆文化扶贫实施方案。[2]第二,"互联网+文化"扶贫模式。王胜利、谢露提出可以通过完善网络通信基础设施建设、加大互联网在教育扶贫中的投入、帮助贫困人群树立互联网思维等措施来助推文化精准扶贫工作的有效实施。[3]姜晓曦指出,可以构建贫困县图书馆数字综合服务平台,加强互联网在文化扶贫中的应用。[4]第三,农家书屋文化精准扶贫模式。陆和建、涂新宇、张晗探讨了通过农家书屋丰富文献资源、完善农村公共文化服务体系,以实现文化精准扶贫的办法。[5]

---

[1] 严贝妮,万尹菲:《我国省级公共图书馆文化扶贫的模式研究》,《图书馆理论与实践》2018年第9期。
[2] 胡铭燚:《基于社会协同的图书馆文化扶贫研究》,《图书馆工作与研究》2018年第5期。
[3] 王胜利,谢露:《"互联网+"助力文化扶贫》,《人民论坛》2017年第2期。
[4] 姜晓曦:《"互联网+"下的贫困县图书馆数字综合服务平台构建》,《图书馆论坛》2017年第4期。
[5] 陆和建,涂新宇,张晗:《我国农家书屋开展文化精准扶贫对策探析》,《图书情报知识》2018年第3期。

(三)文化扶贫路径

丁士军、王妙提出,要充分发挥乡规民约的价值观引导作用,公共服务需要更加精准,要借助"互联网+文化"、购买服务等途径有效推进文化扶贫工作。[①]唐璞妮、徐苑琳分析了乡镇图书馆开展文化精准扶贫工作的必要性和面临的现实问题,从精准保障文化扶贫资源、精确定位文化扶贫对象和精准实施文化扶贫项目等方面,探讨了乡镇图书馆开展文化精准扶贫的路径。[②]叶阳认为,贫困地区应利用新技术来推广数字化阅读,将图书馆数字资源、移动阅读服务与以个人计算机及移动终端为载体的自媒体阅读充分整合,实现普惠性的文化资源共享,矫正贫困地区民众的价值观念,带动科学文化知识的学习,这是实施文化扶贫的有效途径,也是构建贫困地区公共文化体系的核心内容。[③]熊春林等提出了确保持续投入、精准配置资源、营造良好氛围、创新服务方式等措施,以提升我国贫困地区的文化扶贫能力。[④]

文化扶贫不是一蹴而就的事情,而是一个长期的、系统的"扶智"工程,文化扶贫要取得实效,需有长远眼光和科学规划。首先,要考虑如何形成文化扶贫与经济、科技、教育等帮扶工程的协同发展,实现农村地区的全面振兴;其次,要思考文化扶贫如何做到精准识别、精准帮扶和精准管理,以达到文化"守根"工程与文化"固魂"工程的有效衔接;再次,要考虑文化扶贫如何发挥"他组织"与"自组织"的力量,形成"自上而下"与"自下而上"的联动机制,实现农村地区文化"输血"功能与文化"造血"功能的衔接;最后,还要考虑如何在宏观层面整合教育、文化、科技等相关资源,在微观领域优化服务内容、提升服务能力,推动供需之间的有效对接,建立文化扶贫的长效机制。

实施文化扶贫的措施,必须坚持因地制宜、因需而设的需求导向,要考虑不同地区、不同民族、不同村户、不同性别、不同代际的文化需求,针

[①] 丁士军,王妙:《新时期文化扶贫的有效路径探析》,《学习与实践》2017年第10期。
[②] 唐璞妮,徐苑琳:《乡镇图书馆文化精准扶贫研究》,《图书馆工作与研究》2018年第2期。
[③] 叶阳:《文化扶贫与数字化阅读推广路径探析》,《中国编辑》2019年第4期。
[④] 熊春林,尹慧慧,张颖慧,等:《贫困地区文化扶贫能力评价与提升对策研究》,《图书馆理论与实践》,2019年第11期。

对不同地区文化发展面临的不同问题,采取不同的有效措施来解决具体实际问题。因此,必须实施精准帮扶,使文化"补短板"与文化"促发展"相衔接。随着互联网和数字信息化技术的迅猛发展,数字化建设将是未来公共文化服务发展的基本方向。"互联网+文化"的新型模式将是新时期实施文化扶贫的有效手段。

纵观学者们的相关研究,其对文化扶贫的地位和作用已有较为深刻的认识,并在实践中已经有了较多的创新。上述观点存在以下几个方面的特征:在文化扶贫概念的阐述上,虽表述各异但内涵逐渐趋同。所提出的文化扶贫模式较为多样化,文化扶贫渠道得到拓展,有的模式已形成比较完整的体系。另外,文化扶贫的路径研究日渐丰富,可行性不断提升。

三、文化扶贫到文化振兴的实践演进

民族要复兴,乡村必振兴。我国脱贫攻坚的总体目标任务完成后,巩固拓展脱贫攻坚成果同乡村振兴有效衔接,是全面建设社会主义现代化国家、实现民族复兴艰巨而繁重的任务之一。总体来看,从文化扶贫到文化振兴经历了一个逐步纳入国家顶层设计的历程。

(一)粗放式文化扶贫阶段

1.点上的探索试验

我国文化扶贫的理念和实践萌芽于20世纪80年代,代表事件是社会学家辛秋水在安徽莲云乡摸索文化扶贫路子。扶贫项目主要是创建科技文化室、设立阅报栏、开展农民培训和进行干部民主选举,形成"三个基地,一个保障"。这种"造血式"文化扶贫路子,打破了传统"输血式"思维定式,得到安徽省委省政府的高度重视,也在全国范围内取得较好反响。在此基础上,1993年12月,文化部成立了中国文化扶贫委员会,统领全国的文化扶贫工作。随后,各省也相继成立文化扶贫委员会,这标志着文化扶贫在点上的探索试验获得成功。这一时期的文化扶贫工作积累了一些宝贵经验。中国文化扶贫委员会的成立,更是为文化扶贫在面上进行全国大规模的推广奠定了组织基础。但不可否认的是,这一时期的文化扶贫主要侧重于农村实用科学技术培训和实时资讯的粗放供给,带有浓厚的行政救济色彩,对农村精神文化需求关注还不够。可以说,这一时期的文化扶贫迈开了步子,但作为经济扶贫的辅助手段,仍然是举步维艰、任重道远。

2.面上的推广铺开

中国文化扶贫委员会的成立,标志着文化扶贫由区域性的地方探索正式被纳入国家层面的文化扶贫专项行动。随后"万村书库""手拉手"等文化专项扶贫工程的相继实施,为贫困农村发展注入了新的血液。1996年,中宣部等多部委又联合发起文化科技卫生"三下乡"活动;1998年,开展了农村电影放映,服务基层群众文娱活动;同年,还提出实施广播电视村村通工程,解决基层群众收听广播、收看电视的问题。进入新世纪,国家把提供公共文化服务作为转变政府职能、强化公共服务及文化民生担当的有力举措,特别加强了贫困地区公共文化基础设施建设和公共文化产品及服务的供给力度。在这大好的政策背景下,边疆万里数字文化长廊、文化信息资源共享、县级"两馆"和乡级文化站建设、农家书屋、免费开放补助资金、公共电子阅览室、数字图书馆推广等一批批具有文化扶贫性质的文化惠民工程和项目陆续实施,贫困地区农村公共文化基础设施得到明显改善。

总体而言,虽然这一阶段文化扶贫从地方性的试点探索逐步在全国范围内推广铺开,形成全国普遍性的公共文化实践活动,但是经济扶贫仍主导着国家扶贫开发话语体系,文化扶贫仍然只是经济扶贫的补充和衍生品。政府在文化供给中处于绝对的主导地位,过多强调行政绩效下文化供给面上的整体覆盖,对点上贫困群众的实际文化需求重视不够。文化扶贫存在粗而不精、泛而不细的弊端。

(二)精准化文化扶贫向文化振兴发展

1.精准扶贫理念嵌入文化扶贫

2013年,习近平总书记在湖南调研时作出"实事求是、因地制宜、分类指导、精准扶贫"的工作指示;2015年,习近平总书记在贵州考察时明确提出"六个精准"要求,为接下来的扶贫工作定了基调。在国家精准扶贫的背景下,文化扶贫也逐渐由粗放式步入精准化轨道,其标志是2015年颁发的两个文件,即中共中央办公厅、国务院办公厅《关于加快构建现代公共文化服务体系的意见》(以下简称《意见》)和原文化部等七部委《"十三五"时期贫困地区公共文化服务体系建设规划纲要》(以下简称《规划纲要》)。《意见》指出,按照精准扶贫的要求,以广播电视服务网络、数字文化服务、乡土人才培养、流动文化服务、农村留守妇女儿童文化帮扶等为重点,集中实施一批文化扶贫项目。首次从政策设计及制度安排上明确文化扶贫要以精准为核心,文化扶贫对象的识别、项目的安排等都要遵循精准扶贫操作规程。《规划纲要》明确规定了"十三五"时期贫困地区公共文化服务体系建设的目标任务、保障措施等。可以说,《规划纲要》是国家为补齐贫困地区公共文化短板而制定的一部专门性宏观规划。这一阶段,公共文化服务得到了党和国家前所未有的重视,并重点围绕"构建现代公共文化服务体系"这个核心目标,从精准化扶贫要求出发,重点扶持相对落后的西部农村贫困地区公共文化事业发展,精准实施一批文化扶贫项目。

2.文化脱贫与文化振兴相衔接

2020年3月6日,习近平总书记在决战决胜脱贫攻坚座谈会上强调,"接续推进全面脱贫与乡村振兴有效衔接","要针对主要矛盾的变化,理清工作思路,推动减贫战略和工作体系平稳转型,统筹纳入乡村振兴战略,建立长短结合、标本兼治的体制机制"。为更好地完成脱贫攻坚任务、实施乡村振兴战略指明了方向。

这一时期,文化法制建设有了历史性突破,文化扶贫步入法制轨道。文化在贫困治理领域中的价值逐步由工具性向价值性转变。这在客观上要求文化扶贫必须独当一面,更好地发挥其在贫困治理方面既"扶智"又"扶志"的"治愚"功效。同时,也倒逼着政府按照精准扶贫理念和实践要求,进一步转变和优化公共文化服务职能,进而实现与文化扶贫精准化及其要求的有机衔接。

2021年2月25日,全国脱贫攻坚总结表彰大会在北京人民大会堂隆重举行,习近平总书记庄严宣告我国的脱贫攻坚战取得了全面胜利,从全面建成小康社会的战略高度,充分肯定了脱贫攻坚取得的伟大成绩,深刻总结了脱贫攻坚的光辉历程和宝贵经验,深刻阐述了伟大脱贫攻坚精神,对巩固拓展脱贫攻坚成果、全面推进乡村振兴提出了明确要求。习近平总书记指出,"乡村振兴是包括产业振兴、人才振兴、文化振兴、生态振兴、组织振兴的全面振兴"。因此乡村振兴战略本身是个多维度目标工程,既要振"硬件",又要兴"软件",既要建立物质文明,又要建立精神文明,乡土文化的振兴是乡村振兴的应有之义。

2018年以来,新时代文明实践中心(所、站)在部分农村试点,民众的文化需求得到了进一步满足。在文化振兴中,文化只"补短板"是远远不够的,还必须与时俱进,全方位、多载体、多渠道协同推进乡村文化的创新发展,构建起一个包括乡村文化价值体系、乡村文化公共服务体系、乡村文化市场竞争体系以及乡村文化制度保障体系在内的综合文化发展工程,推进乡村文化振兴与乡村产业振兴、乡村人才振兴融合发展,提高乡村社会的文明程度,焕发乡村的文明新气象。

四、云南省文化扶贫的多维度实践

云南集"老、少、边、山、穷"等特征于一体,文化发展的薄弱环节在农村,文化扶贫的最大短板在农村,实现文化扶贫的重头任务也在农村。推动文化繁荣兴盛,最广泛、最深厚的基础在农村,最大的潜力和后劲在农村。云南省委、省政府高度重视农村文化扶贫工作,立足省情,坚持工作重心下移、公共文化资源向贫困地区倾斜,采取有力措施积极推进现代公共文化服务体系建设,使得云南农村公共文化设施网络得到较大改善,公共文化产品和服务供给能力明显增强,公共文化服务效能不断提升,农村文化扶贫成绩斐然,涌现出一批农村文化扶贫的先进典型。

(一)开展戏曲巡演惠民活动

云南省从2009年开始推进"戏曲进乡村"巡演活动,开始是6个省级院团下乡演出,之后面向社会公开招标采购演出队伍参与惠民演出,招标采购的24支队伍带动了云南省16个州(市)的文艺院团加入送戏下乡队伍,演出覆盖了云南省16个州(市)129个县市区1 368个乡镇,每年惠民演出1万余场,文化受益人群突破1 250万人。[1]云南省各级专业艺术院团和各级文化馆(站)及综合文化服务中心、农村专业(业余)文艺队在"百团千队"宣讲巡演惠民活动中,以乌兰牧骑"红色文艺轻骑兵"为榜样,将京剧、滇剧、花灯、话剧、曲艺说唱、民族歌舞、器乐演奏等通俗易懂、基层群众喜闻乐见的艺术形式与党的路线、方针、政策有机融合,在丰富农村居民精神文化生活的同时,把新时代精神送到基层。通过让广大农民群众在家门口"零距离"接触到文艺精品,使文化资源进一步向基层、农村倾斜,激活了农村文化的内生动力。[2]

(二)推进公共文化设施建设

按照国家的安排部署,云南省组织实施了两批"贫困地区百县万村综合文化服务中心示范工程"(959个)和"贫困地区民族自治县、边境县村综合文化服务中心覆盖工程"(3 169个),有效改善了基层农村公共文化基础设施。云南省在推进农村公共文化基础设施建设中,把工作重点由行政村向人口集中、群众参与度高的自然村延伸,充分整合资源,进一步加强自然村公共文化基础设施建设。涌现出大理白族自治州弥渡县"大喇叭小广场"建设、开远市"四位一体""四化建设"[3]等典型经验;楚雄彝族自治州制定出台了乡镇、村文化设施规范化建设"十有""九有"[4]标准,在基层综合性文化服务中心建设中,积极探索"三个整合",推进自然村"七个

---

[1]根据云南省文化与旅游厅扎实推进贫困地区公共文化服务体系建设和云南省开展政府向社会力量购买公共文化服务的内部材料整理。参见王俊:《乡村振兴背景下云南农村文化扶贫的重点、难点和对策研究》,《云南农业大学学报》(社会科学)2021年第1期。此为2020年调查数据,后同。
[2]王俊:《乡村振兴背景下云南农村文化扶贫的重点、难点和对策研究》,《云南农业大学学报》(社会科学版)2021年第1期。
[3]以文化活动室、标准篮球场、露天舞台、小公园为主要内容的"四位一体"阵地建设工程,着力推进自然村公共文化建设均等化、标准化、社会化和长效化。
[4]文化站"十有":一幢不少于300平方米的办公楼、一间"农文网培"培训教室、一间电子阅览室(个人计算机不少于15台)、一间图书阅览室、一间综合展室、一间多功能活动室、一组文化宣传栏、一块文体活动场地、一套管理制度、一套完整的档案台账。村"九有":一间不少于100平方米的文化室、一个农家书屋、一所"农文网培"分校、一块活动场地、一块文化宣传栏、一名文化辅导员、一支业余文体队伍、一套管理制度、一套档案台账。

场所"①建设；德宏傣族景颇族自治州陇川县实现文化活动室全县772个村民小组全覆盖；保山市隆阳区实现文化活动室自然村全覆盖。公共文化设施建设为农民群众学习"充电"、阅读休闲提供了好去处，并成为老百姓获取知识信息、提升文化素质和思想境界的精神家园，成为培育文明和谐乡风、破除农村陈规陋习的重要文化阵地。②

（三）提供基本公共文化服务

国家公共文化服务体系示范区（项目）建设为提高云南省公共文化服务效能发挥了明显的带动作用。保山市、楚雄彝族自治州、曲靖市先后创建第一、二、三批国家公共文化服务体系示范区，把农村留守妇女儿童、生活困难群众作为公共文化服务重点对象，开展公益性文化艺术培训服务和展演活动，充分发挥基层综合性文化服务中心的功能作用。曲靖市通过文化带动作用，形成农村文化大户群，打造"乡贤书院"，以社会主义核心价值观为引领，深度挖掘农村传统文化资源，打造农村群众接受新时代中国特色社会主义文化熏陶、接受"乡贤"精神洗礼、传承优秀传统文化和传统民俗技艺的乡村文化振兴主阵地。保山市公共文化设施网络由四级向五级延伸，建成一批既体现乡土文化特色，又发挥爱国爱乡教育作用的文化大院。楚雄彝族自治州"农民素质教育网络培训学校建设"、昭通市"送文化百千万工程"和"西部贫困地区精神文化家园建设"等国家公共文化服务体系示范项目，以及昆明市"公共文化服务包"、保山市隆阳区芒宽彝族傣族乡"整合资源、综合利用"、昭通市大关县"背篓图书馆"、泸西县"错时服务、提升效能"等实践经验，贴近基层、贴近群众、贴近生活，将公共文化服务送到田间地头，打通了基层公共文化服务的"最后一公里"，实现了公共文化服务与农村群众的"零距离"，有效保障了基层特别是边远

---

①"七个场所"，即：把基层综合性文化服务中心建成农村党员团员、妇女、民兵等教育培训的场所；开展科学普及、卫生计生、便民服务的场所；群众集会议事、休闲娱乐健身的场所；群众读书看报获取知识信息的场所；群众操办红白喜事的场所；群众避险避难的场所；群众进行农产品电子商务交易、发展经济的场所。
②王俊：《乡村振兴背景下云南农村文化扶贫的重点、难点和对策研究》，《云南农业大学学报》（社会科学）2021年第1期。

山区群众的基本文化权益。①

(四)加强公共数字文化建设

云南省通过公共数字文化服务提档升级工程为贫困县的贫困乡镇数字文化驿站配发设施设备,重点实施文化信息资源共享工程、数字图书馆推广工程和公共电子阅览室建设计划等三大公共数字文化惠民工程。建成文化信息资源共享工程省分中心、州市支中心、县级支中心、乡(镇)服务点暨农文网培学校、村级服务点暨农文网培分校,文化信息资源共享工程省、州(市)、县(市、区)、乡镇(街道)覆盖率达100%,村级覆盖率达95%。云南省各地农文网培学校累计开展各类培训达2万多次,培训农民200多万人次。通过实施中国文化网络电视工程,以点带面、加快推进。玉溪、大理、丽江、迪庆、文山、普洱、西双版纳、红河、曲靖、昭通建成了州(市)、县(市、区)、乡镇(街道)三级中国文化网络电视服务点919个。红河哈尼族彝族自治州泸西县以"中国文化网络电视"为依托,采取"农文网培学校+合作社+农户"运行模式,联合农科、畜牧、劳动保障等相关部门,开展"农民素质提升工程"教育培训,为乡村文化振兴、建设美丽家园探索出一条可供复制、借鉴、推广的成功经验。②

(五)加强基层文化队伍建设

云南省不断加大基层农村文化干部学习培训力度,对全省88个贫困县1 001个乡镇文化站站长进行轮训,受到了文旅部的高度评价;组织开展"三区"人才培训,培养基层文化工作者;与云南省残联合作,选聘农村贫困残疾人担任农家书屋管理员,基本建立了一支专兼职的农家书屋管理员队伍;县级以上公共文化服务机构从业人员每年参加脱产培训的时间超过15天,公共文化服务从业人员的整体素质得到有效提升。按照"公共文化大家办"的思路,保山市成立市、县、乡、村群众演艺协会体系,组建了市级专家服务团文化分团,含公共文化、文博、非遗、文化产业、广电五大类专家,在业务指导、项目合作、培养人才、决策咨询等方面发挥着重要

---

① 王俊:《乡村振兴背景下云南农村文化扶贫的重点、难点和对策研究》,载《云南农业大学学报》(社会科学),2021年第1期。
② 王俊:《乡村振兴背景下云南农村文化扶贫的重点、难点和对策研究》,载《云南农业大学学报》(社会科学),2021年第1期。

作用,不断壮大社会文化队伍,为农村文化繁荣提供有力的人才支撑。[1]

(六)开展文化志愿服务项目

云南省组织开展"'春雨工程'——全国文化志愿者边疆行""'阳光工程'——中西部农村文化志愿服务行动计划",动员各地广泛开展基层文化志愿服务活动,以重点需求项目为引领,推动文化资源向贫困地区倾斜,组织文化志愿者经常深入农村开展文化志愿服务活动。通过政策性引导、规范化管理,保山市文化志愿活动迅速扩大、蓬勃发展,至2020年已有正式在册的文化志愿者1 109名,"'阳光工程'——中西部农村文化志愿服务行动计划"活动受到上级肯定。[2]文化志愿服务者成为农村文化扶贫的宣传队、流动服务的轻骑兵、辅导培训的主力军,成为公共文化服务的重要力量,有效弥补了体制内文化人才资源的不足,有力地推动了农村文化的繁荣发展。[3]

(七)开展"非遗扶贫"工作

云南省多措并举加强非物质文化遗产保护推广工作,助力文化扶贫。在首创云南民族传统文化生态保护区整体性保护的同时,对群众基础好且有市场前景的传统技艺类非遗项目实行生产性保护和产业化发展,共命名和创建"云南省非物质文化遗产保护传承基地"28个,4家传承人企业列入国家级非物质文化遗产生产性保护示范基地,建水紫陶文化产业园区获国家级文化产业示范园区创建资格;通过民族节日、文化遗产日、会展、对外文化交流等活动,组织民族优秀传统文化项目和传承人参加展览、展演和展销;围绕民族传统文化举办展演、会演比赛,营造弘扬传承农村优秀传统文化的社会氛围,推动农村优秀传统文化保护由政府主导主办逐步向政府主导社会参与转变;通过实施"文化惠民"示范村建设工程、"文化农庄"建设试点,鼓励、支持优秀传统文化保护利用和传承发展成效明显的企业、单位发挥文化产业发展的示范引领作用,一大批以传统文化

---

[1] 王俊:《乡村振兴背景下云南农村文化扶贫的重点、难点和对策研究》,《云南农业大学学报》(社会科学)2021年第1期。
[2] 根据保山市建设国家公共文化服务体系示范区经验交流和内部材料整理。
[3] 王俊:《乡村振兴背景下云南农村文化扶贫的重点、难点和对策研究》,载《云南农业大学学报》(社会科学),2021年第1期。

资源为依托的非遗传承人、企业或农村家庭式作坊脱颖而出。[①]

五、昌宁县文化扶贫实践审视

我国文化扶贫主要是通过政府公共文化服务及实践活动这条路径开展。公共文化服务效能直接关系着文化扶贫目标的实现。云南省深入实施兴边富民行动,边疆解"五难"、边疆万里数字文化长廊、县级"两馆"建设、乡镇综合文化站、农家书屋等文化惠民工程。昌宁县通过三大措施开展文化振兴工作。一是实施文化民生工程。建成124个行政村农家书屋,坚持免费向群众开放,及时更新农业科普图书、音像出版物,让群众学习、掌握现代农业生产技术、经营管理方法。在脱贫攻坚战中为贫困村发放篮球架、乒乓球桌共18套,广播电视覆盖率达100%,丰富了群众文化生活。二是送戏下乡巡回演出。组织"精准脱贫·文化惠民"送戏下乡巡回演出80场,覆盖13个乡镇以及2017年脱贫摘帽的5个贫困村,通过歌舞、小品、戏曲等群众喜闻乐见的形式,向群众大力宣传各项政策,使党的惠农政策家喻户晓。三是挂钩帮扶巩固拓展脱贫攻坚。扎实开展挂钩帮扶工作,投入各项支农和文化建设资金13.62万元。6名"三区"文化指导员用心服务群众,入户宣讲党的政策,发放宣传资料315份。

目前,昌宁县文化扶贫已取得一定成效,为文化振兴奠定了坚实的物质基础,为激发农村地区内生动力、坚定文化自信、提振发展精气神,提供了强大的精神动力。

第一,文化法制建设水平有所提升。《中华人民共和国非物质文化遗产法》《中华人民共和国公共文化服务保障法》颁布后,国家又出台了《中华人民共和国公共图书馆法》。对照国家层面现代公共文化服务体系和文化扶贫有关文件,省级层面的云南贫困地区公共文化服务体系建设相关实施方案和云南文化扶贫工作相关实施方案等相继出台,为昌宁县公共文化服务及深入推进文化振兴提供了政策支撑和法制保障。

[①] 王俊:《乡村振兴背景下云南农村文化扶贫的重点、难点和对策研究》,载《云南农业大学学报》(社会科学),2021年第1期。

第二，文化硬件设施不断改善。昌宁县积极争取各级财政资金，加大了县、乡(镇)和村(社区)三级公共文化基础设施建设力度，昌宁县公共文化硬件设施条件得到了大幅改善。目前，昌宁全县已完成图书馆硬件建设，完成了13个乡(镇)文化站硬件设施新建、改扩建，配备了开展活动所需的灯光、音响设施；为建成的农家书屋配置了相应的图书、光碟及影像放映设备。

第三，文化产品服务供给能力不断增强。"十一五"以来，昌宁县扎实推进国家文化惠民工程建设，通过农家书屋、公共电子阅览室、文化活动广场等一批重大文化惠民工程的陆续建设和使用，公共文化服务设施、资源和产品供给能力不断得到增强，这进一步活跃和丰富了农村地区的精神文化生活，为逐步培育当地居民的内生动力和提振其致富信心，提供了强大的精神源泉和动力支持。

第四，充分利用高校对口支援开展文化扶贫。西南大学大力开展文化帮扶工作，深度挖掘包装湾甸傣族文化、昌宁哀牢文化、耈街苗族文化等民族文化，昌宁借此努力打造保山市美丽乡村和民族团结进步示范点。

六、西南大学文化帮扶团队的实践思考

穷理以致其知，反躬以践其实。高校作为一种功能独特的文化机构，是与社会的经济和政治机构既相互关联又鼎足而立的传承、研究、融合和创新高深学术的高等学府。它不仅是人类文化发展到一定阶段的产物，还在长期办学实践的基础上，通过历史的积淀、自身的努力和外部环境的影响，逐步形成了一种独特的大学文化。新时代的大学应走多样化的发展道路，积极主动地应对文明社会众多领域不同层次的广泛需求，服务社会；更应当走出"象牙塔"，发扬着眼未来和探究真理的批判精神，以自己创造的新知识、新思想和新文化代表"社会的良心"，给予社会发展正确的价值导向，引领社会前进。高校参与精准扶贫既是政治任务，也是历史使命，更是拓展社会服务职能、提升办学影响力的重要方式。

湾甸傣族乡是一个少数民族聚居区，针对少数民族的文化扶贫又具

有一定的特殊性。从历史来看,民族地区发展相对落后些,了解其根源,分析其成因,才能更好地缩小差距,促进民族地区发展。民族地区贫困原因众多,其中最为突出的,当数少数民族群体缺乏链接资源和学习脱贫技能的条件。民族地区反贫困历史悠久,但贫困反噬现象却依旧严重。反噬现象说明以前的反贫困活动治标不治本,由此民族地区的脱贫应摆脱单一模式,突破传统理念,不再用单纯的"填塞经济"的方式缓解贫困,而应充分调动少数民族群体的优势,摆脱"低水平均衡陷阱",提高民族地区的自我发展能力。同时,明确湾甸文化扶贫的阻碍也显得尤为重要。

一是地方困难群体众多。很多民族地区是"移民"地区,汉族人口在数量上较多,并且集中在发展程度较高的城市,少数民族则多集聚在可放牧的山区平坦地带及偏远地区。人口分布不均会造成需求断档。人口组合在各个城市和地区存在显著差异,会导致获取信息资源的优势一边倒,一般经济化程度高的城市能吸纳到第一手资源,而其他地区则资源匮乏、陈旧。

二是乡村发展能力低下。少数民族的大部分人还是选择靠天吃饭,形式原始单一,不仅无法保障收入稳定,还会造成资源的浪费。由此可见,少数民族贫困群体缺乏技术能力指引,自身又无法链接外部资源去进行补充学习,导致贫困状态反反复复。还有一点值得注意,少数民族群体中,从事低技术含量生产劳动的多为青壮年,这在一定程度上造成了主要劳动力的浪费。

民族地区历史悠久、地域广大,荟萃了鲜明的地域特征和浓郁的异域文化。在少数民族聚居的地方,蕴藏着极为丰富的异彩纷呈的民族民间文化。在一些偏远的民族地区,经济的落后和闭塞造成了贫困,却使这些地方一些时代久远的艺术品种得以保留下来,并成为某些古老艺术珍贵的"活化石",如一些地区的民间歌舞、戏曲、剪纸、刺绣、民居建筑艺术等。

由于自然生态环境等生存条件的特殊性,居住在少数民族聚居地的人们在长期的社会生活和劳动实践中创造了多样的文化,包括语言、宗教信仰、自然崇拜、神话传说、歌谣、舞蹈、节日、服饰、建筑、手工艺、礼仪习俗以及生存理念、生活方式和生产方式等在内的各民族文化。上述各类文化的内容有的在不同民族中有相近或相似之处,有些则相去甚远。即便是同一民族,因为部落不同或居住地不同,在许多方面也有很大差异,民族文化由此更显丰富多彩。它不仅为研究文化人类学、宗教人类学、民族学、民俗学、生态文化学等学科提供了宝贵资料,也为文化产业的开发提供了丰富的资源,同时也对我们今天的文化建设具有十分重要的借鉴意义。

所以,对民族地区的文化振兴,政府应承担主要责任,其作为可体现在开发、保护及创新三方面。开发要注意加强基础设施建设,建立民族文化企业及品牌,摒弃落后文化;保护主要通过制度、行政和司法三方面实施;创新要加强理论研究,处理好创新与保护的关系,促进经济、教育与民族文化的互动。

一是政府引导下的文化开发。基于各地少数民族文化的状况,政府需因地制宜,通过政策支持、基础设施建设、技术知识输入等方式引导、支持和促进少数民族文化的产业化发展,这将是民族地区文化传承与发展、经济增长、社会进步的必由之路。民族地区应在政府的指导下,根据当地情况因地制宜地对本地区民族文化资源进行整合和开发,树立文化旅游品牌,带动其他产业发展。在开发过程中,要注意摒弃落后文化,开发先进文化。

二是政府规范下的文化保护。有的地方当地居民缺乏对本地文化保护的知识技能,失去了本应属于自己的文化产权,原有的文化品牌甚至被外来商家抢先注册。显而易见,在经济利益的诱惑下,文化维系着的原有的平衡已被打破。要做到文化保护,政府的角色非常重要,政府必须发挥指挥棒的作用,同时文化机构和文化工作者需要正确引导各地的文化保护工作。

三是政府推动下的文化创新。在民族地区经常出现一些矛盾的现象,比如:开发时间越长、开发程度越深,民族文化遗失和被破坏的越多;越是欠开发的地方,民族文化却保留得越是完整和纯正。这样的现状使得人们面临一种抉择:选择发展还是选择保护文化。这些矛盾现象的出现主要是因为未能把握民族地区发展与文化振兴的本质关系,也体现了原有文化振兴机制未能制定好开发、保护、创新少数民族文化的基本原则。在新时代,我们应赋予文化振兴新的内涵,在政府及专家学者的推动下,依托少数民族文化的核心资源,通过实现民族发展与文化振兴的良性循环,推动民族地区经济、社会、文化的持续繁荣发展。

基于此,西南大学"记住乡愁·脱贫攻坚"社会服务工作队围绕县域历史和民族传统文化挖掘、保护传承,拉开了全面帮扶昌宁县农业、文化和旅游深度融合式发展的序幕。社会服务工作队根据文化振兴的时代要求,深入帕旭·芒石寨、马棒寨等传统村落,以同吃同住同劳动的方式,复原民族交往的历史过程,阐释生计变迁的时代特征,探寻优秀传统文化传承的着力点,致力于编制前瞻性强、科学合理、操作性强的美丽乡村建设方案,推动地方三产融合发展。

文化帮扶团队围绕铸牢中华民族共同体意识,通过文化帮扶挖掘当地民族文化资源,通过交往交流交融不断丰富文化帮扶内涵,致力于构筑当地民族共有精神家园,以期凝聚起实现中华民族伟大复兴中国梦的磅礴力量。

第二章

文化之旅：实证调研与村志撰写

为深入贯彻习近平新时代中国特色社会主义思想，落实西南大学定点帮扶云南省昌宁县工作部署，基于昌宁县湾甸傣族乡傣族文化资源丰富、村民乡土情结牢固、有良好的集体道德意识、喜欢娱乐，但教育发展水平相对滞后、发展问题突出的现状，针对当地一些傣族村民主动致富意识不强、参与度不高，乡村公共文化服务体系不健全，文化振兴形式较为单一、品牌化、特色化不够等问题，西南大学在定点帮扶昌宁县时，开展了扎实的田野调查：一方面，深入不同的民族聚集区的一些"点"，如湾甸乡等进行田野调查；另一方面，沿着依山脉和河流形成的小区域做"线"上的考察。希望呈现出昌宁文化多样性"面"上的特征。并注重将具体实践和科学研究相结合，使帮扶活动更精准、深入。

一、甄选调研对象

本次调查主要遵循"文献查阅—现实考察—问题发现—解决问题"的思路，选取帕旭·芒石寨[①]和马棒寨傣族自然村作为"点"（典型案例地），通过文献研究法、观察法、深度访谈法等，从农业生计、民族特色文化、教育观念、乡村生活方式、习俗风尚和道德信仰等方面，力争客观、全面地反映昌宁县湾甸傣族乡文化事业发展的现状和问题。着力培育新农民、倡导新风尚、弘扬民族优秀传统文化，为当地实施乡村振兴战略提供思想保

[①] 采用"帕旭·芒石寨"的称谓，是因为帕旭寨和芒石寨距离很近，特点相似，可以视为一个地区，而在强调其各自的地域性时，则分别称帕旭寨、芒石寨，后同。

证,以激发湾甸傣乡农民的精神动力,营造良好的文化环境。

美丽富饶的湾甸傣族乡位于昌宁县西南部,距县城79公里,地处两市(保山、临沧)三县(昌宁、施甸、永德)接合部,东连更戛乡,南临镇康河,西与施甸县相邻,北与鸡飞镇接壤。境内最高海拔2 056米,最低海拔608米。年平均气温22.5℃,年降水量882.6毫米。全乡面积316平方公里,耕地总计33 162.78亩,常用耕地31 364.82亩,存量建设用地500余亩。辖区设1个农村社区、4个村委会、66个村民小组。2017年末,有常住户5 731户,乡村常住人口18 590人,其中少数民族人口5 694人,占总人口的30.6%,多个民族形成了散杂居的居住格局。

湾甸,古代少数民族语称"细赕",古傣语称"勐雅",意为平坦的坝子,早在汉武帝平云南时期,傣族的先民就居住于此。元世祖忽必烈平云南后,细赕内附,改名湾甸。自元朝中期设土司官自治起至民国十九年(1930年),湾甸土司统治529年(非连续统治),历27任土司。1933年昌宁建县,湾甸全境划入其中,设湾甸傣族乡①。自明洪武十七年(1384年)置湾甸县后至今,600多年的时光,演绎着湾甸傣家人的发展历史,也积淀了丰富的傣族文化。在现代人的印象里,傣乡有葱绿的大自然,这里是水的世界,凤尾竹和白鹭的家园,是人与自然和谐共生的天堂。湾甸大石城,又称老缅城,相传是古代缅王的城堡,它见证过缅王的横征暴敛、历史的沧桑变化;清凉的古潭之水,似乎流淌着湾甸傣族文化与汉文化交融的点点滴滴;勐波罗河上的铁链桥,仿佛有古城保山与缅甸商贸的马铃声在回响。

《景泰云南图经志书校注》中对湾甸傣族乡的民俗活动有生动的描述:"其民皆百夷,妇人贵者以象牙作筒,长三寸许,贯于髻,插金凤蛾,其项络以金索,手带牙镯,以红毡束臂缠头,衣白布窄袖短衫,黑布桶裙,不穿耳,不施脂粉。"②在湾甸傣族乡这片美丽富饶的热土上,居住着5 000多名少数民族居民,他们在这里繁衍生息,在这里创造了灿烂的文化。这里风光秀丽迷人,历史积淀深厚。这里有苍劲古朴的大榕树,鲜艳夺目的凤

---

① 昌宁县民族宗教事务管理局:《昌宁县民族志》,内部资料,第95—96页。
② (明)陈文:《景泰云南图经志书校注》,李春龙、刘景毛校注,云南民族出版社,2002年,第348页。

凰花,有横跨勐波罗河的铁链桥和大石城古战场遗址,还有拥有众多美丽传说的马棒山,景观神奇的蝙蝠洞,雾气氤氲的热澡塘。这片炽热的土地,蕴藏着丰富的文化内涵。

得天独厚的自然条件使得湾甸乡农业生产一年四季皆有收获,热带水果、蔬菜是主要种植作物,虽然湾甸乡以第一产业为主,但基本能实现自给自足。当地最突出的问题是教育明显落后,群众受教育水平普遍偏低,思想观念较为保守,文化产业发展落后。湾甸傣族乡群众普遍是小学或初中学历,其中文盲或半文盲占到21.5%。当地的年轻人受现代文化的冲击,对传统傣族文化、家乡历史、风土民情的了解越来越少。

近年来,湾甸乡以建设民族特色村、特色镇为载体,以民族文化传承展示为平台,发展壮大旅游业、传统民族手工艺,带动群众增收致富,在保护传承中发展繁荣民族文化,建成文化墙400平方米,文化活动场地3 492平方米,标语标牌121块,培育民族文艺表演队7支,开展文化保护项目2项。帕旭自然村抓实传统村落保护,实施传统保护与发展工程,入选了保山市第一批"AAA级美丽乡村"。为加强民风民俗的传承和保护,湾甸乡每年举办"幸福湾甸·和谐傣乡"泼水狂欢节,这一活动已成为当地的民族文化品牌。由于加强了民间技艺传承和保护,湾甸涌现出了一批以万德美和杨宏亮为代表的傣文传承人才,培养出市级陀螺传承人1名,本土4名陀螺选手多次参加省市各级少数民族传统体育运动会,并收获优异成绩。当地还推动民族文化产业稳步发展,"高踏麦"传统傣族服饰文化品牌和傣族竹编、刺绣等传统手工艺品初显良好的经济效益。

在湾甸乡上甸社区中,有马棒、帕旭、芒石、芒岗、城子5个村民小组。此次田野调查对象即选取了马棒、帕旭、芒石三个村寨,以下对其进行简要概述。

马棒寨,隶属湾甸傣族乡上甸社区,距乡政府驻地1公里。当地傣族人民称其为"芒棒"。在古傣语中,"芒"指"寨子","棒"指"荒坝",意为"荒坝地方的寨子"。以前,商人们常在这个平坦的坝子上休息和整理货物,驮货的马匹也卧在坝子上休息。

马棒寨村民小组共有农户102户422人,汉族97人,少数民族325人,其中傣族322人，彝族2人，白族1人。寨内傣族群众信仰小乘佛教和原始宗教，敬献一片舍林，建有一座佛寺。寨中村民集中分布在穿村公路两侧，少许分布在靠近田地的地方。村寨适宜种植甘蔗、反季蔬菜、香料烟、热带优质林果和早、中、晚三季水稻。主要经济来源是农业种植和畜牧养殖。大棚苦瓜种植技术独到，是该组的特色产品。该组于2006年实施了新农村试点建设，村容村貌得到极大的改善。村前有一个两亩的大鱼塘，冬有碧水，夏有荷花，秋季捕鱼，给村里的居民带来实惠和惬意。2009年该组组建了1支由20人组成的业余文艺表演队，积极参加乡内各项文化活动，2010年被评为文化惠民示范优秀表演队。

帕旭寨，位于昌宁县湾甸傣族乡上甸社区西南部，距离乡政府驻地3公里，是傣族文化的发源地之一，古称"坝旭"，傣语意为"白露花开的坝子"。其面积5.16平方公里，平均海拔720米，年平均气温22.3℃，年降水量1100毫米，适宜种植甘蔗、水稻、西瓜等农作物，特别适宜种植苦瓜、无筋豆、辣椒等反季蔬菜，产品远销黑龙江、山东、上海、广西等地。山地甘蔗种植面积逐年增加，是上甸甘蔗的主要产区之一。茄子，种植技术独到，成为该组的特色产品。该组于2010年实施新农村试点建设，村容村貌得到极大的改善。2013年，村党组织紧抓新农村建设和古村落保护工作，将其发展为云南民族团结进步示范区建设"十县百乡千村万户示范创建工程"优秀示范村，保山市"AAA级美丽乡村"、民族团结进步示范村，当地文化资源丰富，民族文化氛围浓厚。

帕旭寨村民小组共有农户63户251人。其中汉族人口9人，少数民族242人均为傣族。宗教信仰、风俗习惯与马棒寨相似。2010年组建了1支由20人组成的业余文艺表演队，积极参加乡内各项文化活动。

芒石寨仅以巷道为界，与帕旭紧邻，该组共有农户27户119人，汉族15人，少数民族104人，其中傣族103人，彝族1人。

二、撰写村志工作简介

昌宁县的春天向来不缺花的点缀，白露花开之时，也是湾甸傣乡人民结束冬耕奔向充满勃勃生机的新一年生活之时。《白露花开:昌宁县湾甸乡帕旭与芒石寨的社会与经济》《傣乡奔马:昌宁县湾甸乡马棒寨的文化与生活》两大村志成果作为本次西南大学发挥智力优势、凝聚集体智慧、深耕傣乡田野之作,将一时帮扶转化为以文化生态涵养发展的长久之计,让花香永远四溢。

(一)为何要写村志

首先,在此次"记住乡愁·脱贫攻坚"文化帮扶实践中,"撰写一本村史村志"是帮扶成效中最鲜明的一抹色彩,是文化帮扶团队发挥文化传承、文化育人、文化富民三重优势的体现。

其次,"撰写一本村史村志"作为此次"六个一"系列活动的重中之重,对昌宁县湾甸乡乡村振兴能起到积极的作用:第一,在文化传承方面,西南大学文化帮扶团队以湾甸乡的帕旭·芒石寨、马棒寨特色民族村寨为田野考察重点,以点带面,在生产生活、仪式风俗、文化信仰等方面广泛收集资料、深度挖掘文化,为湾甸傣族文化的传承、发扬留下了珍贵而鲜活的调研资料与学术文本;第二,在文化育人方面,通过"参与观察、深度访谈"的人类学方法,深入湾甸傣族乡人民的生产生活中,并通过深度接触与之结成了深厚的友谊,达成了心灵的共识,被观察、访谈对象在作为开放系统的田野实践中也逐渐发挥主体能动性,愈发理解、支持西南大学在文化传承与帮扶中所做的工作,在润物无声中,"扶志"与"扶智"同时得以推进;第三,在文化富民方面,对当地民族文化的抢救与挖掘,有利于当地发挥自身的资源优势,促进文化的推陈出新,从而为其推出优秀文化产品、发展特色文化产业、打造乡村旅游经济提供"源头活水",把一时一地一策的帮扶转化为以文化生态涵养发展的长久之计。

最后,其深远意义也可以从反向加以理解。面对当地文化传承的现实困境,"撰写一本村史村志"最首要的意义在于其抢救挖掘文化资源的内涵。在弘扬民族优秀传统文化的过程中,要更好地推动民族团结进步创建工作,实现社区农文旅融合发展是最为核心的工作,而村史村志的编修编纂能为这些工作提供基础性的材料。在湾甸,基层社区产业发展事务繁重,文化事业专项经费较少。本地群众或干部思想意识即使跟上了,但是囿于专业知识的匮乏,总体上也很难去承担撰写村史村志的工作。这些因素导致这项十分重要的工作被搁置了太久。而多年来在市场经济与城市扩张的浪潮下,年轻一辈对当地传统风俗、文化精神已较为疏离。一些长者、一些文化精英对其民族文化的现实困境表达了深切的担忧。因此,借助定点帮扶的高校智库,"撰写一本村史村志"之举,从全面梳理社区的民族历史文化、呈现民族团结进步发展的结果两方面来说,都是极有必要的。

总之,在立足文化帮扶与乡村振兴的视野下,我们应看到"撰写一本村史村志"对昌宁县湾甸乡可持续发展的深远意义。在乡村文化中寻找和培植"精气神",是文化振兴从输血向造血、由治标向治本的质变,是促进民族地区振兴的必要路径。

(二)村史村志编撰的主要内容

文化帮扶团队以整体观的视角,从基于记忆的村志记录、变迁的时空系统、乡村文化挖掘、乡村文化打造和民族团结进步发展多个维度展开"撰写一本村史村志"的工作,以湾甸傣族乡的帕旭·芒石寨、马棒寨特色村寨为社区研究样本,通过田野调研、集体讨论、整理撰写等工作,最终形成《白露花开:昌宁县湾甸乡帕旭与芒石寨的社会与经济》《傣乡奔马:昌宁县湾甸乡马棒寨的文化与生活》两项村史村志相关成果。

《白露花开:昌宁县湾甸乡帕旭与芒石寨的社会与经济》是团队在云南省昌宁县湾甸乡帕旭·芒石寨进行社会调查的成果,它从生态环境、生产活动、仪式节庆习俗等方面,系统地展现了当地丰富多彩的民族文化。此外,该书还为当地文化旅游与特色经济发展提供了基础性资料,为当地打造生态博物馆和发展文化旅游做出了规划。

《傣乡奔马:昌宁县湾甸乡马棒寨的文化与生活》是文化帮扶团队在云南省昌宁县湾甸乡马棒寨进行社会调查的成果,它从生产、婚姻家庭、风俗习惯、宗教信仰、信息传播、社区治理等多方面,系统展现了村落生活的全貌。

无论是取自帕旭寨名的"白露花开",还是表达万事如意的"傣乡奔马",都寄托了我们对湾甸村民过上美好生活的期盼。

文化帮扶团队在湾甸傣族乡的文化扶贫之旅，以实实在在的成果呈现了在党和国家的领导下，几个傣族村寨生活蒸蒸日上，人民一步步走向幸福美满新生活的鲜活个案，更为党的光辉在边远傣乡的映照画上了浓墨重彩的一笔。

三、调研方法与过程

（一）调研方法

1.文献研究法

文献研究法，又称情报研究法、资料研究法或文献调查法，是指通过对文献资料进行检索、搜集、鉴别、整理、分析，形成科学认识的方法，具有超越时间、空间限制，费用较低、效率较高等显著优点。在本次调研活动中，文献研究主要包括三个方面：其一是通过查阅地方史志资料获取本研究所需要的湾甸傣族乡的自然地理和社会、经济、文化、政治等历史背景资料；其二是通过浏览各级政府官方网站了解昌宁县扶贫政策；其三是通过检索、阅读、分析相关学术文献，了解国内外有关研究的现状和结论。

2.观察法

观察法是社会科学研究中的一种基本方法，是指观察者为了验证某些理论假设而有计划地对社会现象进行观察的社会调查方法。在实地调研中，观察法将贯穿活动的全过程。一方面，通过参与观察对2个傣族村寨（指帕旭·芒石寨和马棒寨，后同）村民的生存状况、文化习俗、教育观念、生活方式和道德素养等现状进行直观了解；另一方面，通过观察获取的信息可以对访谈记录等材料进行证实和证伪，从而为下一阶段夯实研究基础。

3.深度访谈法

本次调研研究资料的获取主要运用深度访谈法。深度访谈法是质性研究中常用的资料收集方法，指访问者与受访者之间进行面对面的交谈，达到意见交换和构建意义的目的。深度访谈法除可增加资料收集的多元性外，还能了解受访者对问题的想法与态度，也可通过问答双方的互动对问题加以澄清,以确认受访者内心的真实感受与行为认知。在实际运用中,我们首先对湾甸傣族乡政府扶贫办相关领导和工作人员进行访谈,从而宏观上把握湾甸当时脱贫攻坚的整体情况,接着与村委会领导开展座谈,以便于深入了解村寨文化扶贫中的措施和成效,最后实地访谈2个傣族村寨,对当地的人口、生计、文化和社会关系等状况进行深入了解,为后续研究提供第一手材料。

(二)研究过程

调研团队进入湾甸乡的第一天,正下着滂沱大雨。雨停之后,阳光洒在湾甸的山坡、房屋、植被上面,让人感到无比的惬意,这一切都显得那么宁静和谐,美得恰到好处。在与乡政府领导和工作同志座谈之后,我们感慨道:"在傣族聚居地全面感受到民族团结进步的成效,乡村产业兴旺使来自重庆的我们第一次看到那么多种高端品牌的热带水果,吃一口,那甜一直甜到心中!"这种热情每个人都深有体会,一个成员在调查笔记中写道:

在村中转悠认路的时候,去了昨天约定好今天还要再见面的农户家,他们非常热情地留我们吃饭,我们以"还要再转转,一会儿回来"为由,想去小卖部买点儿东西送给村民,也算是抵了这顿饭钱。在小卖部买东西的时候,遇到了一个四岁多的小女孩(名叫景小莉),拿着一块钱来买东西,我就上前主动与她搭话,要给她买东西吃,但她是一个不会随便收下礼物的孩子呢。这里民风淳朴,每一个人都友爱热情。很多小孩子后来都成为我们调查中的带路人、好朋友。景妹妹在小卖部就拉着我的手要带我去她家,到了她家,她的奶奶对我们非常热情,了解到我们是从大学来的,还告诉我们,她的(两个)孩子有汉族血缘,所以(两个孩子)能听懂普通话,也能讲得比较好。奶奶介绍,她自己是上过学的,上到了小学四年级。所以会识字、写字,还在手上给我写下了她的名字"金玉莉"。[①]

民族文化帮扶团队很快开始进行专题分工和工作安排,全面展开对湾甸傣族文化的深入挖掘。湾甸乡作为乡村振兴示范乡,产业兴旺、文化独特,我们要围绕傣族民族传统文化特色,社会发展的时代变迁,研究如

[①] 根据团队成员在帕旭·芒石寨实地调研资料整理。

何运用各种史料复原历史、回溯多元民族文化的交融过程,如何与新时代的文化传承相结合;要通过对这里进行全景式、解剖麻雀式的调查,为昌宁各乡镇各民族提供发展、振兴优秀民族文化和文旅融合的经验。

我们以"同吃同住同劳动"的形式主动地融入村落社区,与村民们真心交朋友,力求通过体验式观察和深度访谈让村民们更具文化自信,了解他们自己的"前世今生"。

调查发现,近年来外出打工的村民有回流的新动向。

今天在村里找到了教傣语的杨爷爷,爷爷今年79岁,一直在为了不让傣族文化失传而坚持教傣语,但来跟杨爷爷学习的人并不多,大家都以"太难了、学不来"为理由拒绝学习傣语。杨爷爷的孙女是1997年出生的,起初她对傣语没有什么兴趣,也不愿意跟爷爷学习。在广州打工两年后,觉得在外压力太大,收入也不是很可观,还是觉得回来比较好,回村后就在镇上开了一家烧烤店。近期经过对多家多人的访问,我们得知外出打工的村民返乡创业和工作的情况很普遍。很多年轻人早期都是外出工作过的,但最终都觉得在家有地,只要种东西,自己就有东西吃,生活也有保障,在外不仅经济压力大,精神压力也非常大,而且收入也不多,不如回家种地。[1]

帕旭是一个抬头有山、低头有水的美丽村寨,寨子先后实施美丽乡村、传统村落保护、旅游特色村寨等项目,现在建成了相对标准的活动室一个、公共厕所两个,人居环境得以改善。它还建有广场一个、球场一个、寨门一座、停车场两个,新建的两个养殖区与居住区相分离,以提高村民们的生活质量。帕旭村的地势相对平坦,植被覆盖率高。村民都十分爱护森林树木,不会乱砍滥伐,村中如果有古树还会围起来进行保护,每一个傣族寨子都有一片"舍林",是老人们祭拜的地方。村寨受自然灾害影响小,相对独立,受疫情影响也小,这里能让人感受到一种平静祥和的氛围。

每天调研人员都固定地到帕旭、芒石和马棒两个寨子的各家各户去走访交流,同时也到其他的寨子开展专题的资料记录工作,比如对非物质

---

[1] 根据团队成员在马棒寨实地调研资料整理。

文化遗产传承人的口述内容和影像进行记录。渐渐地，寨子里的村民都熟悉了这群每天入户访谈的师生，饭桌上也多了几个远道而来的客人，团队在主动融入村民生活和村民主动接纳团队成员的过程中，得到的文化实物和口述故事越来越丰富，越来越成体系。

下午在往大哥家聊天的时候突然下起了大雨，我想起金奶奶说她和我们一起吃过午饭后就要去佛寺做花，从天气变化看，她应该是没有带伞的，我就在往大哥家借了一把伞去佛寺接金奶奶，可能就是这样一个小举动，让我们的关系越来越亲近。金奶奶一开始说话很拘束，主要是我们问什么，她就答什么。现在就不同了，她会主动要求我们拍一些她做花的照片，还把她的相册拿出来跟我们分享。[①]

1. 田野全景调查工作

（1）田野工作的基本内容。

2020年7月克服疫情影响，遵照学校定点帮扶昌宁县的总体部署，文化帮扶团队从重庆、贵阳、恩施、西安、成都出发的各位成员汇聚在昌宁县湾甸傣族乡。田野调查持续了一个月，后期整理等工作一直持续到9月的教师节前后。

顶着骄阳在村落行走的日子每天都是很充实的。文化帮扶团队安排了一系列科学、扎实、有序的田野调查活动。田野调查所获是实现村史村志编撰最主要的资料来源。总体来看，整个田野调查过程可以概括为几个阶段：首先是文献准备阶段，前期团队先汇编有《保山市昌宁县湾甸傣族地区历史要略》《湾甸傣族乡乡志大事记》等文献资料，成员们主动查阅文献，广泛了解田野调查点的地理、历史、文化等信息，为进入田野调查做充足的知识储备；接着是进入田野阶段，通过抓住关键人物、表明来意、参与劳动生活、表达感谢等方式逐渐融入社区，同时通过"网络式""滚雪球式"等模式立体开展田野调查，不仅获得当地干部的理解与支持，更与当地居民建立了友谊，互相信任；进而是综合田野调查阶段，以"参与观察、深度访谈"为核心途径，辅以绘图、问卷、排序等调查方式，各成员在实际参与研究对象日常生活的过程中，广泛搜集资料，深入理解田野；最后是

---

① 根据团队成员在帕旭·芒石寨实地调研资料整理。

查漏补缺阶段,查漏补缺主要指在确定写作的框架和铺陈基本内容之后,对需要充实的新内容以及不够细致的信息进行完善。

(2)特别的田野场景与经历。

"采花节"傣语为"党木雅",是湾甸傣族的传统民族节日。每年在傣族的"关门节"期间举行。年轻的傣族男女,特别是女性要结伴到几十公里外的青山上、小河边采摘各式鲜花,并最终将花束与食品敬献于寺庙,祈求吉祥安康等美好愿望的实现。马棒寨是一个传统民俗保留较为完整的傣族村寨,每年村民都会过传统节日傣族采花节。2020年8月,文化帮扶团队成员随村民一道,参与了该村寨的采花节活动,大家随着自发组织的车辆,去往昌宁县312省道扁瓦村后山采花。这次采花节活动的全过程,特别是仪式部分,给活态记录和实地研究保存延续至今的节庆活动、风俗习惯提供了非常生动的现场素材。

在昨日参与村民集体讨论,沟通好采花节的诸多细节事宜后,一早我与小范同学坐到刘老师的车上,准备与村民们一同出发。寨子里已经在播放民族歌曲,村里干净的路上都是人,车子也一辆辆地从寨门口向寨里排列,准备载着小伙子和姑娘们到昌宁县312省道那边采花。出发前他们先在荷花池那儿朝佛寺的方向行跪拜礼,祈求佛祖庇佑。7点55分我们出发前往昌宁县312省道扁瓦村后山进行采花活动。当时的车队从寨门一直排到了村里小卖部,车子一辆接着一辆有序启动。

9点9分,我们抵达了预定的位置附近,大家一路将车开上了山,在山上的沙石场附近将车停好以后,便徒步向山里进发。步行七八分钟的路程就到了山腰位置,再往上便只能步行了。自信的小伙子直接从一个很陡的坡爬上去,到旁边一片山上采摘。由于要作影像记录,我们跟着大部队在小坡上慢慢行进,人群中很多年轻女性穿着拖鞋。大家沿着山路各自分开,采摘鲜花,摘好之后在山里相对平坦之处进行整理和捆扎:首先将野姜花的叶子扯掉,一株只留三叶,如果花株上的叶子被虫啃食,需要将被虫啃食明显的叶子扯下来,然后把六株野姜花捆成一扎。大家用叶子将野姜花包起来,再用绳子捆扎好。在采摘的时候,有人打开了随身的喇叭诵念经文,还有些年轻姑娘在采花之余,顺便拍照、拍抖音、玩耍。抖音的传播非常快,村里的人可以实时了解山上的情况和采摘节奏。

准备返程了,人们聚集到山脚下的大场地,待人都聚齐以后,大音响开始播放歌曲,女人们围在一块儿跳舞,跳尽兴了才踏上归程,留在村里的人早已在村寨口等着迎接归来的采摘人。

与此同时,帕旭·芒石寨也参与了8月4日、8月5日采花(见图2-1)与献花的全过程。我们在不同的村寨记录了同一个民族传统节庆的仪式。

一大早,已经有十几辆车在帕旭·芒石寨小卖部附近的广场和道路上列队等候了,我们随老乡们的车向姚关出发。一路上,车队数次停留,前车的老乡们根据往年的记忆和经验判断哪一处山林里可能有野姜花。今天绝大部分女性都换上了傣族民族服装,一路上欢声笑语,她们非常兴奋地通过微信朋友圈、抖音、快手等方式分享视频、照片,记录采花的点滴过程。我们也和姑娘们一起拍照、聊天,在凉爽的山风中感受着节日的欢乐。采花归来,所有人在寨门外集合后,每人抱着一束花列队进入寨子,村中的人在道路两侧欢迎大家的归来,年长的女性向我们撒米花表示祝福。参与盛大的节庆仪式后,我们为这样的文化所浸润感染,心中弥漫着的是无尽的感动,老乡们的温暖、热情能够驱散上山采花的奔波疲惫,傣族同胞们对生命、对自然的尊重和对快乐的追求让我们心生崇敬。

图2-1 团队成员和帕旭·芒石寨村民去采花

负责马棒寨调查的团队成员为了弄清楚当地现代果蔬产业的情况和生计的变迁过程,调查了当地不同历史时期的种植业情况和农耕文化的演变过程。特别是对市场经济下的"天然温室"果蔬产业的发展历程和提质增效的做法以及果蔬产业品牌文化做了进一步的了解。一位重要的报道人——马棒村人万某,为我们搞清楚这些情况提供了帮助。在7月29日那个酷热的午后,成员们专门去红四冷库找到了万某本人,那时他正忙于发货,万某详细介绍完相关情况后,邀请团队成员几天后随他去湾甸外亲历收菜过程。在评估安全风险后,老师和同学们于8月1日午后出发,随万某和宁某(他的代办)一起到相邻的永德县永康镇去收菜,一方面观察记录整个过程,一方面还要做好收菜装车时的辅助工作,整个收菜入冷库工作持续到当晚12点。

今天上午参加完村里一位汉族爷爷的葬礼后,接到万总的电话,他安排我们随他和宁大哥(他的代办)一起到永德县永康镇去收菜。这次是特意带我们去看别人如何收菜。

在车上,我们跟万总聊到当地蔬菜产业的发展历史和原因。在他看来,市场相较于政府影响更大些。与过去的香料烟、甘蔗等相比,蔬菜是刚需的东西,运输也能走绿色通道,相当便利。

到了之后,万总说因为今日(蔬菜)掉价,小贩来得比较晚,所以小贩和农户之间会相互打"心理战"(豆角等蔬菜要每天现摘才能保证质量,不能压货)。我们也实地了解了小贩的价格变化情况,豆角前天9元/公斤,昨天8元/公斤,今天6元/公斤。特别是精品货,价格波动很大。小贩对货品的要求是大小适中,直的,无虫。由于价格差异巨大,农户会选择只卖精品货和"擦边"货(指与精品货相比品质略逊的货品),不然会亏本,也会造成浪费。我同时问了两个人浪费的情况,其中一人回答浪费了3/10,一人回答浪费了1/10。他们都承认蔬菜价格确实波动大。[1](见图2-2)

---

[1] 根据团队成员在马棒寨实地调研资料整理。

图2-2　团队成员与收菜大叔交谈

基层社会组织如何通过自治的方式参与社区治理是村史村志撰写的重要内容。为了细致考察村寨义务工制度及集体活动组织动员的全过程，团队成员参与了8月2日上午的义务工活动，目标就是将马棒山傣族采花节广场土地平整和环境清洁的全过程记录下来，这是特定环境下的义务工制度的一个公众参与的鲜活案例。

今早提前了40分钟出发到村里，目的是参与他们采花节前的义务工准备工作，将即将竣工的马棒山广场打扫干净(见图2-3)，以备当日众人来参与活动之用。

7点55分我们抵达中心大榕树处时，已有不少人在中心榕树旁的亭子和米线店里，都带了整理和打扫的工具，基本上各家都到了。8点15分左右开始分工，划定工作区，很快大家就进入工作状态，干得热火朝天。等我走到广场平台时，几块主要作业区的工作成效已初步显现出来。不禁感慨：村民们的自觉性和纪律性能如此之高！①

---

①根据团队成员在马棒寨实地调研资料整理。

图2-3 团队成员在马棒山广场参与义务工的工作

人生礼仪"是一种交流的媒介"。不同区域、不同民族都有着传统的贯穿人生的礼仪。通过调研工作中的朝夕相处,团队成员与村民们很快变成了一家人,通过参与他们的家庭聚会和人生礼仪,团队成员了解和学习到了很多东西。

7月26日,团队成员全程参与了杏姓村民家外孙女的满月礼。

在帕旭·芒石寨,人生初期最重要的礼仪是满月礼,主人家会邀请两个寨子的人前来参加,收礼,还礼,举行仪式,吃饭喝酒。

满月礼举行的当天上午就要杀猪,还要到市场上买菜,家中分类摆好各种食材。下午开始清洗、分切、烹饪等工作,持续三四个小时。下午5时,主人家在门口准时放鞭炮,宣布满月礼正式开始。陆续前来的客人把礼金送好后,便可以坐下吃饭。杏姓村民家的满月礼每桌有8个菜:凉拌白菜猪皮、水煮茄子、木耳炒猪肉、葱段炒猪肉、炒牛肉、香菇炖鸡、蒸鸡蛋(完整带壳)、猪骨煮大白豆。院内总共摆了十桌,八人一桌,都是流水席,一桌人吃完,马上重新上菜,换新的客人。

下午5时30分,满月礼最核心的仪式开始举行。在杏姓村民家主房正中间的客厅处,家中的年长女性(一般为祖母或外祖母)抱着孩子跪坐在门口位置,屋中坐满一圈年长男性,正中间是佛寺的佛爷在诵念经文,为孩子祈福。

满月礼虽然是家庭内部的礼仪,但是体现了村社集体分工协作意识,凸显了血缘与地缘的联系,多年约定俗成的分工模式让每一个参与仪式的人都能确定自己的角色,并且在整个活动流程中发挥作用。备菜时,我们也加入了矮凳上忙碌的队伍,三个小伙子将鸡肉、猪肉进行不同程度的块状分割,女性则负责切丝切片的精细工作。切姜丝的时候,因为刀工不好,我们几乎都把姜丝切成了姜条,两位阿姐笑得前仰后合。一位阿姐指着另一位同样切得不够细的阿姐说,"她们(指我们)不会切是正常的,你怎么也切成这样",然后将我们三人对比鲜明的姜"丝"录了像,上传到朋友圈。①

定点帮扶调研实践的这个过程,是一个走向田间地头,进村入户的学习过程。团队成员天天迎着朝阳出发,踏着月光归来。有成员说:"早起去往佛寺拍摄记录献佛的全程,上午去马棒寨的文化活动会场观察办客前的杀猪宰牛活动,午饭后与当地人一起到各家农田喷洒农药,晚上我们在村寨口的榕树下学习,了解傣族舞蹈和音乐。做调研工作很辛苦,但是很有意义,我们的生活也变得丰富起来。"这些话语表明了文化挖掘工作的烦琐与艰辛,但这是值得的,正是前期这些细致的工作,为后期的书稿编写工作打了下扎实的基础。

(3)融入生活的田野。

文化帮扶团队在深耕田野的时日,以"同吃同住同劳动"的形式来观察民族地区"交往交流交融"的历史过程,思考如何更好地将理论与实践相结合,不断努力融入村社,努力让自己接近其自然极致状态(所谓自然极致的状态就是把自己完全当作村社中的一员)。当地人生活的田野,我们无时无刻不在参与。

人类学的"参与观察"通常是指研究者在实际参与研究对象日常社会生活的过程中进行的细致观察。"参与观察"是我们工作的主要方式,被村民视为"家人"的我们,在深度参与村民的生产生活活动过程中,与村民心连心,共筑爱的家园。

这种"融入"是从"走入社区"便开始的。我们进村入户不久,村民们很快知晓了我们前来的意图和想要开展的工作。村民小组长作为产业能手、治理能人,每天的时间都安排得很饱和,但是每天只要有可能,就让我

---

① 根据团队成员在帕旭·芒石寨实地调研的资料整理。

们坐上他的皮卡车，一会儿带我们去山上看新规划场地，一会儿带我们去木匠房拉用于保水保苗的木屑，其间大家会畅谈很久。村落中的亭子和小卖部，成为我们拉家常、文化寻根的一个集中的公共空间，也是我们集中讨论、共议话题的自在之地。团队每位成员都在村落中建立了自己的"核心家庭"，与"家庭成员"朝夕相伴。

　　高校的定点帮扶活动拓展了师生参与实践的新场域，开辟了思政育人和实践育人的新途径。学生在这样的实践中认识国情、了解社会，受教育、长才干。在与淳朴的湾甸乡村民的相处过程中，我们与他们彼此往来，形成了亲密无间的关系，他们待文化帮扶团队的师生亲如家人。我们和他们一起煮饭、收菜、赶街、跳舞、参加晚会表演、参加婚丧嫁娶活动，在融入田野的过程中，我们在学术研究资料的收集上收获满满，也经历了太多的感动瞬间。

　　2020年8月3日，昌宁县傣学研究会在马棒寨举办"首届傣族采花节暨发展新会员活动会"系列活动。在晚间的文艺会演上，各村寨都组织了一系列的表演节目，团队成员也在这个舞台上献上了独唱、合唱的表演节目，并积极参与集体舞蹈，与傣家儿女共享欢乐时光。

　　为了参与演出，我们四人去昭君姐姐家换了傣族传统服装，头发也做了修饰，装饰成了傣族风格，出门后，昭君姐姐一路上都在说"你这个汉族姑娘穿上我们傣族服装好漂亮"，老人家都说我们与傣妹一样了。我们穿着合身的傣族传统衣服参加了百家宴和文艺会演，会演上除了傣族舞蹈和歌曲，还有我们的合唱《和你一样》，大家很投入很动情，台下欢呼声很大。还有中低音风格独唱《夏天的风》，更是应景。演出活动中还有点儿小插曲，之前入户遇见过的袁姐今天看到我就来加微信了，给我说了好多温暖的话，她还发了一些有趣的抖音小视频。[①]

　　饮食文化是广大劳动人民在长期生产和生活中逐渐形成的，具有很强的地域性特色。人们在交往和交融中也一直在传承和发扬饮食文化。村寨内的一些特色食材制作技艺也是我们进行文化挖掘的内容之一，未来可以利用这些饮食文化资料，打造当地文旅融合发展的特色饮食板块。

---

①根据团队成员在马棒寨实地调研的资料整理。

团队成员对特色食材制作技艺进行了仔细的考察,比如对酸笋的制作技艺做了详细的记录:

下午我去小卖部买了一盒鸡蛋,拎着到华大哥家,以表示对他们一家人热情款待的感激。我一进华大哥家门就看到赧大姐正在很专注地把笋切成丝,大哥告诉我,他们家正在做酸笋。只见赧大姐把切好的笋丝不断装入盛有清水的半人高的坛子,他们告诉我,笋丝在坛子里会自然发酵,变成酸笋。他们还告诉我,做酸笋不用放任何调味料,只要不与油接触就可以保存两年。我看着赧大姐切了两大盆笋丝,装了满满一大坛,心里充满着一种期待,对这里的各种饮食文化更有兴趣了。①

在调查的过程中,我们还观察了他们处理玉米的方式(见图2-4),这能为我们了解村民们多样的生计提供帮助。

饭后,我们坐了一会儿就主动协助刀家处理晾晒的玉米,按照刀家的要求,先把好坏玉米分开,然后把玉米粒剥下来,这活儿看着轻松,实际上很考验手劲。剥完玉米后,我们感到手很酸,甚至有点儿痛。在剥的过程中,我们讨论了玉米在当地家庭生计中的重要性的一些变化。现在产业完全变了,蔬菜水果种植成为最重要的家庭经济来源,但是玉米还是家庭经济来源的一种重要农作物,只是现在种植没有以前那么多了。②

图2-4 马棒组成员在村民家的玉米堆上访谈

---

① 根据团队成员对村民华某的访谈资料整理。
② 根据团队成员在帕旭村实地调研的资料整理。

2.团队深入交流讨论

在文化帮扶助力文化振兴主体工作推进的整个过程中,集体的讨论是凝聚共识和增加认同的重要方式。我们深刻领会对口支援服务地方的意义,一直在思考如何将专业知识与文化挖掘工作结合起来,发挥好自身的专业技术能力。为了顺利完成对当地文化的挖掘,团队师生持续开展了不同层次、不同规模、不同议题的专题讨论会。

我们围绕民族团结进步和文化自信的核心内容做了深入的研讨。7月14日,在与保山学院的老师们会合后,随即在充满田园特色的本地饭店"傣乡人家"召开了交流见面会。当日傍晚,近30名师生聚在花园的凉亭处,大家自我介绍之后,讨论了进入村社应具有的人品,对田野研究等也各自发表了看法。在保山学院的老师介绍了前期他们在昌宁县田园镇的红色资源发掘研究情况后,交流就明确地聚焦到民族团结进步创建工作和铸牢中华民族共同体意识的团队使命和担当上来,大家就如何深度挖掘民族传统文化,增强文化自信,推动民族传统文化的创新性发展形成了共识。

在昌宁湾甸乡,我们多次举办了"坝坝课堂"。什么是"坝坝课堂"呢?在我国云贵高原上,丘陵与丘陵之间的狭小河谷平原,当地称为"坝子",和地理教科书上的"盆地"在某些方面有类似之处,也有人称为"平坝",房前屋后的平坦空地,则称为"院坝"。一些从事社会科学研究的老师就在这样的空间开展现场教学,当地老乡称之为"坝坝课堂"。"坝坝课堂"和农业产业科学家的"科技小院"一样,共同为乡村的发展贡献着智慧,培养着人才,真正践行了"把论文写在祖国大地上"的理念。

团队在村寨内利用投影仪开设"坝坝课堂",团队老师针对"全景式调查"的理念、方法、内容框架做了讲授,践行了"田野即课堂"的理念。团队成员对如何运用科学、专业的方法开展文化挖掘工作,心中有"标尺",也找到了很多的"工具"。更为重要的是理解了把专业素养与对口支援工作相结合,应该有什么样的工作态度和事业心。

有了现场感官体验,大家各抒己见,交流了每天的所见所闻所感,结合全景式调查的框架内容,对照检查自己方法、观念及实操的不足,对怎么具体地结合民族传统文化和民族团结进步做好建设做了讨论。对于如何更好地融入村社,让专业发挥作用,大家意识到要始终明确他者立场,把握田野主动参与的精髓,努力促成由被问"你从哪里来""你到哪里去",至"什么时候到我家来"的认同提升。①

"田野即课堂",在田野调查过程中,我们意识到"口述史"是对口支援文化挖掘重要的方法论之一。倾听当地人的历史回忆,感知讲述者内心情感,感悟承载其中的优秀传统文化和民族精神,对口支援这个大平台使年轻一代厚植家国情怀、担当起历史传承责任。7月17日晚上的"坝坝课堂",针对口述史的研究方法与文化实践做了全面的交流。在分享实践方法和真实的感受之后,老师和同学们对口述史在文化和历史挖掘方面的价值有了全新的认识和高度的认同。大家还专门进行了人类学田野调查方法相关知识的学习,并利用田野调查提纲与口述史调查案例对"如何访""如何写"做了详尽的探讨。

团队成员在交流发言的时候,谈到了以下内容:要谦虚地向当地人学习,作为他者不能先入为主,要细致了解有关当地的各种知识,以及如何支持他们生产生活的延续;从个人的生命史、村庄的历史去深入发掘其内部运行的文化体系;在与老乡交往时,要真诚地敞开心扉,学会把自己"清零",进行自我调整,特别是做好语言表达方式的全面适应;要思考如何活用调查大纲和案例,积极做好参与观察和深度访谈,如何利用好各种文献,综合研究问题。②

基于帕旭·芒石寨、马棒寨的文化特性,在对口帮扶选点上,还充分考虑了共同性之中的差异性,帕旭·芒石寨在整体的村落结构上更为现代,正积极推进文旅融合发展,而马棒寨在整体的村落布局上添加了更多的传统元素,组织了更为丰富的民族文化和节庆活动。当地的历史变迁和新时代的发展特色给我们提供了记录工作的基础,为我们全景式了解民族的凝聚过程,从事对口支援文化帮扶工作提供了很好的思考视角、比较视野,也为我们的方法论总结提供了路径。

---

① 根据团队成员田野调查的实录资料整理。
② 根据团队成员田野调查的实录资料整理。

3.整理资料和撰写田野日记

我们对文化帮扶这项社会服务工作的日常记录,既要进行民族团结进步的经验总结,又要体现我们对文化挖掘推动文化振兴的思考,因此如何科学有效地记录对口支援文化帮扶工作,实现从具体化、日常化的"工作日志"到"工作作品"的转变,是团队成员必须思考的重要问题。为让经验得以总结,规律得以认识,历史得以延续,团队成员需要每天完成两千字的工作笔记或者田野调查日记,翔实表达每日所见所闻所感。而随着挖掘工作的持续进行,田野调查的逐步深入,访谈人员数量的不断增多,成员们收集到的实物资料以及地方文献资料、影像资料逐渐丰富起来。我们需要用科学的方式方法,比如数字化的方式方法,在田野工作开展期间对其加以整理与利用。

在调研过程中,成员们对各自所调查的专题板块的相关资料信息,已经达到相对熟悉的程度。根据事先拟定的文化挖掘思路,村史村志初稿撰写的工作计划很快启动,将影像资料转化为影像民族志的工作也在同步推进,而在优秀传统文化传播的视频推广和策划制作过程中,分类分层的资料运用也使我们的工作推进得更为高效,成果颇丰。

口述史的资料越来越丰富,影像资料的记录生动鲜活,每天与当地人同吃同住同劳动的生活丰富多彩。根据集中讨论所形成的工作思路,我们需要通过对历史文化的挖掘进行村史村志的撰写,将村寨影像资料作为影像民族志的材料,还需要通过拍摄的影像资料为湾甸优秀传统文化和民族团结进步成果策划制作宣传推文,大量的工作让我们感觉到时间的紧迫,每天都希望时间能多一些,能再多整理些资料,以为此次对口支援的文化挖掘和记录提供最全面的资料。①

4.撰写村志工作中的困难与所获得的帮助

我们的对口支援工作同样存在文理贯通的问题。文旅规划的基础研究蕴含着宏大的人文关怀,同时,人文方面的工作需要有技术和理工思维的支撑,也需要融入建筑和农业科技知识。

"如何做好历史叙事和讲好地方故事",让不同学科的研究人员和受

---

①根据团队成员田野调查的实录资料整理。

众都能认可,同时明确各自的角色,还是存在实际操作的困难。获取地方社会和民族村寨变迁的综合资料编撰村志,涉及多学科问题。团队不仅面临资料"量"与"质"上的高标准、严要求挑战,也遇到信息难以获取、实地资源不足、资料筛选困难等瓶颈性问题。总之,以服务融入国家发展战略,以县域研究为视角,构建乡村文化振兴研究议题,以帕旭·芒石寨、马棒寨为个案,将湾甸傣族乡的传统文化和民族团结进步故事讲述好,是我们团队的核心工作,这些工作对对口支援模式"方法论"的探讨很有意义和价值。

虽然有困难,但我们的文化挖掘工作获得了诸多的帮助:

一是西南大学"一体化"的科学谋划、全力保障。国内合作处具体落实我们的落地安排,党委网络工作部还选派青春缙云报道组奔赴云南省昌宁县,全天候地参与团队多项融入社区的活动,记录"村落学术共同体"的点点滴滴。

二是昌宁县委县政府"协同化"大力支持,县乡各职能部门和上甸社区村民委员会高度重视高校帮扶的对口支援工作,对我们实地调查工作提供了全面支持和贴心帮助。

三是傣乡人民"联动化"的配合与理解。村民们温和淳朴,与我们真心相融,一个个温暖瞬间得以升华与永存。当然,村民们对我们工作的支持,也寄托着他们对乡村发展日新月异的期盼。

我与村民往大哥、䂞大姐初识时,他们很是腼腆,说话总带着笑,说得最多的是"不懂""不会说"。在一个月的接触中,他们耐心地给我讲述村里的各种趣事,甚至不需要我过多追问,就会主动跟我聊家常。他们还会让我看我可能会感兴趣的东西。我也找到与这对夫妻顺畅交流的方式。现在往大哥说我和他们是一家人,叫我不要不好意思,吃饭时他直接叫我"妹妹",让我叫䂞大姐"嫂子"。虽然这只是一个称呼的转变,但让我明显感受到他对我的接纳,心理上我与这家人的距离明显拉近了。他还让我留下电话号码,知道我喜欢拍照、问东问西,说只要他们做什么活动,就打电话叫我去拍。家里的小孙女(往大哥、䂞大姐的孩子)也让我惊喜,她是一个比较内向的孩子,昨天还不敢靠近我,不说话,今天见到我后一直围着我转,给我拿水,轻轻碰我,以吸引我的注意。我得到了往大哥夫妻俩和他们的孩子的信任,很受感动。①

在调查马棒寨村落的地形、建筑结构等内容时,除了专业的考察和测量外,文化帮扶团队还争取到村里"文化精英"的具体支持:

在与金大哥的交流中,我们表达了对村寨的地理布局和亲属关系这两方面的困惑,并拿出了我们实地走访手绘的简单村居地图,想让他帮我们看看地图信息是否完备,帮忙添加一些遗漏人家的信息。哪知他一眼就看出手绘村落布局图的好多问题,比如一些路画得不对,居民家旁边还有好几条路没有显示。我们告诉他,我们想用手绘的方式来表现传统村寨的特色,需要全面呈现出居民点的空间方位和姓氏关系。在后续交流中很惊喜地得知,他之前做农业人口普查时画过村落布局图,所以对村里的布局特别熟悉。虽然没有底稿,但是村子的地图全都印在他脑子里了。一开始我们想让他指导我们,哪知他爽快地说知道我们要什么了,要帮我们画一个,并说晚上帮我们画好,让我们第二天去取。第二天一大早,他就给我们发消息,还拍了张成品照片通过微信发来,实在让人惊喜感动。早上我们赶到他家,拿到了他手绘的图,他还利用早上的空闲时间在上面补充了昨晚没有填写好的几户村民的信息。②

社会服务最能体现有组织的科研的成效,相较于基础理论研究更能体现团队集体精神。当我们把文化帮扶中的"村史村志"书写任务,汇集在一个特定的时空中合力完成时,团队有组织的科研攻关就容易达到融贯一体的最佳状态,在实践中大家能彼此理解、互动和发挥创造力。在社会服务过程中,团队成员们形成了一个个小组,互帮互助,使文化帮扶工作顺利开展起来。

根据计划方案,我们每天都会在村寨中穿行,在乡民家中驻足,虽然看起来大家的工作内容都差不多,但是实际上还是有很多不同。比如,生态博物馆小分队从"生态"这个视角进行综合调查思考,根据当地气候和生计特征,做热带果蔬一体化展示的可行性专项调查。建筑文化小分队

---

① 根据团队成员在帕旭村的调查资料整理。
② 根据团队成员在马棒寨的调查资料整理。

围绕建筑模式、建筑技术、建筑艺术与建筑空间形式开展多维的访谈,记录和绘制,研讨在人居环境建设中如何让传统元素更为突出,如何融入更多的展示元素。饮食文化小分队走田间,进厨房,品百家,尝酸鲜,立志复原饮食文化的变迁路线与发展路径。非物质文化遗产研究小分队在对传承人的深度访谈过程中,力争做好文本记录和信息数字化方面的工作,让声音、影像得到最真实的保存。①

通过大家克服困难以及众多力量的帮助,我们的对口支援工作取得了阶段性成果。比如我们和村民们共商赋名的两本村史村志《白露花开:昌宁县湾甸乡帕旭与芒石寨的社会与经济》《傣乡奔马:昌宁县湾甸乡马棒寨的文化与生活》,既是高校开展实践育人助力乡村文化振兴的真实写照,又是树立和突出各民族共有共享的中华文化符号形象贡献出的智力成果,其为民族特色村寨的农文旅融合发展,美丽乡村建设提供了智力支撑。

四、调研思考与展望

西南大学高校定点帮扶工作,从文化的角度拓展深入。"撰写一本村史村志"任务的实施,为当地脱贫攻坚贡献了西南大学的力量和智慧。在搜集整理相关资料的过程中,文化帮扶、挖掘为本、育人为先、创新发展的系列理念也逐步清晰明了,这为进一步提炼文化振兴、民族团结进步的经验提供了核心要素。基于此,团队从朴实的情感和工作可持续的角度出发,形成了对这项事业和相关工作的一些理论思考:

一是进一步提高政治站位,倾情倾力做好定点帮扶工作。切实将思想和行动统一到习近平总书记重要讲话精神上来,增强政治自觉、思想自觉和行动自觉,准确把握高校定点帮扶工作要求,完善工作运行机制,统筹协调校内外资源,调动师生主动性积极性,形成帮扶工作强大合力。

二是立足学院学科优势,精准对接当地实际需要。一方面,西南大学历史文化学院民族学院不断深化教育教学改革,积极创新人才培养模式,努力提高人才培养质量,同时注重发挥自身优势,服务地方经济社会发

---

① 根据团队成员田野调查的实录资料整理。

展。另一方面,昌宁县当地发展已有一定基础,但在脱贫攻坚衔接乡村振兴的过程中面临着文化保护与传承的问题,"撰写一本村史村志"之举正是团队学科优势对接当地实际需要的结果。

三是深入挖掘民族特色,因地制宜做出实际成果。要从实践出发,立足当地文化特色,结合昌宁乡村振兴所需,主动作为,创新帮扶方式方法,制定差异化、个性化的扶贫措施,为昌宁巩固拓展脱贫攻坚成果同乡村振兴的有效衔接,乡村产业、人才、文化、生态、组织等方面的全面振兴,提供有力的科技支撑和智力支持。

四是扎实开展田野工作,借助当地民众的力量。团队在完成规定任务的基础上,注重统筹谋划,系统思维,并根据任务需要,按计划进行人员分工,认真、细致做好田野调研,从而为后续工作的开展提供充足而准确的信息资料。在开展田野调查的过程中,广泛借助当地文化精英、治理能人以及其他热心群众的力量,倾听各方建议,以更好地凝聚集体智慧,激发内生动力。

五是顺应信息时代潮流,多媒体全方位地展开记录。要善于利用现代多媒体技术,精心制作多样化的新媒体产品,从而生动展现当地的民族特色文化与团队的文化扶贫成果,广泛宣传,扩大影响力,激发民族文化的强大生命力。

当然,村史村志编撰任务的完成并不意味着我们会止步。展望未来,团队主要有以下畅想:

一是以点拓面,在云南省昌宁县选点写出新的村史村志,以充实昌宁县乡村振兴的文化宝库。

二是发挥既有村史村志的引申价值,基于对傣乡地区生产生活、仪式风俗、文化信仰等方面的广泛调查与深度挖掘,通过针对性地指导当地开展民俗活动、培训教育与文化产业培育活动,使村史村志的文化传承、文化育人和文化富民三重意义得以充分展现。

三是对村史村志的文化挖掘成果进行创造性转化反哺给当地的农文旅融合发展事业,让"生态博物馆"一类的新理念更好地助力乡村的全面振兴。

第三章
现实观照：湾甸傣族乡精神文化风貌、文化振兴的问题与对策

近年来，湾甸傣族乡充分发挥基层党组织在基层社会治理中的领导核心作用，以提升治理效能为重点，将帕旭·芒石寨建成了富裕文明、美丽宜居的新傣寨。走进寨子，干净整洁的水泥路映入眼帘，道路两旁的绿化树散发着热带风情。与传统傣寨吊脚楼不同，帕旭·芒石寨的房屋大都是钢筋水泥浇灌而成，房顶之上的露台用带有民族特色的铁皮和支柱遮盖。帕旭·芒石寨通过开展"四集中"（组织集中发力靓村寨、畜禽集中养殖增效益、卫生集中整治优环境、污水集中处理解难题）行动，不断完善乡村治理，改善村民的居住环境。在乡村振兴和民族团结进步创建政策的共同助力下，崇尚水的傣族和崇尚火的彝族以及其他民族在湾甸这块富饶的土地上交融共生，呈现出了多民族共同发展、多文化繁荣兴盛的良好精神文化面貌。

一、湾甸傣族乡精神风貌的特征与成因

湾甸人民重视农业、喜好娱乐、乡土观念重、对本土文化有感情，他们团结，乐善好施，但不重视教育。这与当地的经济发展状况、特色文化资源的传承与保护状况、村民受教育程度与状况、村民的乡土情结与娱乐心态、集体道德情怀与精神信仰等有关，涉及经济因素、环境因素、文化因素、教育因素等。

（一）经济发展状况

传统生计是少数民族维持和延续民族文化的重要途径。当地干部群众在总结农村贫困群众发展滞后的原因时，除了严谨认真的分析之外，总是会开玩笑地加上一句，"主要是因为喜欢耍啊，有钱就花，没钱再割玉米、卖点儿蔬菜，每家都有地和鱼塘的，生活上还是可以的"[①]。然而这个"耍"和"懒"并不相同，其本质是一种亚热带型生计模式的外在行为表现。湾甸傣族乡地处云南省西部，属低热河谷立体气候，常年基本无霜，气候较炎热，地势北高南低，整体地形为南北走向的狭长坝子。乡境内耕地大多分布在枯柯河东西两岸，土壤属淤积型红壤。得天独厚的气候条件和土地资源，为发展农业生产提供了良好的基础，让世居在此的傣族村民可以"靠山吃山"，有人说他们是"不愁吃，不愁穿，很欢乐，很淳朴"。山林采摘、狩猎、刀耕火种曾经是这里的人们最主要的生产方式，丰富的物产为人们提供了四季不绝的基本食物和其他物质保障，基本能使人们免于饥荒，这里自然条件好，也没有其他生存威胁，使人们有充裕的时间休闲娱乐，如唱歌、跳舞、社交等。在对当地的走访调查中我们发现，当地人对他们的这种生存状态也比较喜欢。

在现代化进程中，市场经济在村民的生活中占有越来越重要的位置，很多村民却没有足够的能力去适应市场经济，无法将优良的自然资源转化为经济优势。在这种结构性的错位和脱节中，大量农户失去发展先机，其社会逐渐处于停滞落后状态，这种状态具有以下三个方面的特点。

第一，当地以传统农业为主导产业，湾甸傣族乡农民一年种植三季农作物，农业是主要产业（见图3-1）。帕旭·芒石寨和马棒寨早年间种植水稻，现在水稻已经被玉米、无筋豆、辣椒、芒果、菠萝蜜、百香果、西瓜等取代。此外，农民们还在房前屋后、田间地头的空地随意种植一些野菜，小面积土地上的高密度种植，可以保证农户蔬菜的自给自足。帕旭·芒石寨鱼塘养的鱼、马棒寨林下养殖的家禽家畜（如鸡、鸭、猪）等，为当地居民提供了所需的肉类食物。当地老人对本地物产的丰富程度还是极为认同的，经常出现如下表述：

[①] 根据团队成员对村民访谈资料整理。

"我们这里不会挨饿的,山上一年四季都能找到吃的,在三年困难时期也没有出现极端的事情。"①

这里农产品虽然种类丰富,但是一直以来面临生产规模小、成本高、技术水平低、市场参与程度低、附加值低等困境,农业发展整体上依然处于传统小农经济阶段。第二、三产业比重较低且结构单一。根据我们实地调查的情况来看,傣族村寨贫困人口不是生存型贫困,而是发展型贫困。农村人口的贫困主要是相对贫困。

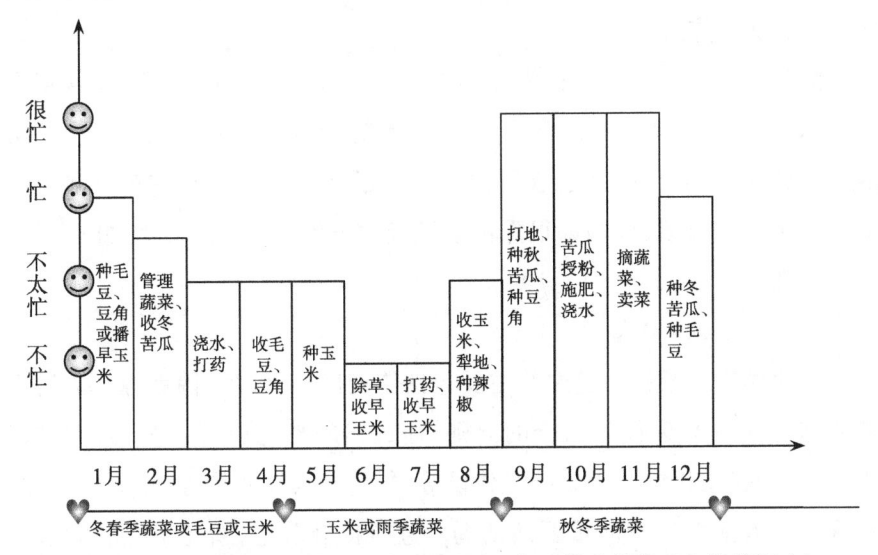

图3-1 湾甸傣族村寨农业生产示意图(一年三熟种植情况与繁忙程度)

第二,特定自然条件下衣食住行有基本保障。湾甸傣族乡年平均气温22.5℃。村民习惯于常年穿着短袖、短裤和拖鞋,即便最冷的冬季,也只需要多加一件外套。帕旭·芒石寨的传统民居最早是以木材搭建框架,以泥土构建墙壁,以茅草或芭蕉树叶等覆盖房顶,就地取材、建造方便、凉爽通风。通过美丽乡村项目建设,帕旭·芒石寨对村容村貌进行改造,对房屋建筑进行混凝土或砖瓦结构改良。配有孔雀屋顶装饰的新式民居,在造型结构上更加科学,居住条件更加舒适。

第三,因长期小农生产方式的局限性,农民收入和生活水平还不高。湾甸傣族乡村民处于小区域范围内自给自足的小农生产状态。这种小农

---
①根据2020年7月18日团队成员对帕旭寨村民杏某的访谈资料整理。

生产模式导致农户难以有效地把本地丰富的自然资源变现,从而提高可支配现金收入,增加对生活生产必需产品和服务的购买能力,提升生活品质。此外傣族群众的生产生活方式比汉族更加传统,当地干部群众对此最多的表述是,"傣族人生活得更逍遥,与周边汉族人比物质要求没有那么高,有钱就花,没钱就挣,他们是不怎么存钱的,他们的观念就是这样的"[1]。

(二)特色文化资源的传承与保护状况

1.傣语文字书写

湾甸村民中,万德美、杨宏亮等人是傣语传承的主力。万德美常年为全乡20余名孩子义务教授傣语课,努力地进行传承傣族文化的工作。据我们粗略统计,目前全乡能够写傣文的有近50人。调查组在芒石寨对一些村民进行了访谈,他们都很重视本民族优秀传统文化的传承,并乐于以此为己任。

2.标志性建筑修缮

当地傣族地域性特色建筑主要包括传统民居、佛塔、佛寺等。湾甸傣族乡坚持传统与现代相结合的原则,通过实施特色旅游村寨、新农村建设、百县万村文化综合服务中心建设等项目,对马棒寨佛寺、帕旭·芒石寨佛寺等原有的生产生活重要活动场所进行提升改造,新建了祥和泼水广场、帕旭泼水广场、马棒山公园等一批独具傣族文化特色的标志性建筑。

3.传统傣族村落保护

2013—2015年,帕旭·芒石寨以美丽乡村建设项目为契机,结合民族示范村建设项目、危房改造项目、省级重点村项目,进行基础设施建设和傣族特色民居改造。2016—2017年,帕旭·芒石寨再次全面升级基础设施,铺筑青石板路2 300平方米,新建草坪和停车场1 100平方米,安装太阳能路灯30盏,完成自然村污水收集处理和消防布置,结合傣族民居、民俗等特点,建成了集田园、山水风光为一体的民族特色村落,已经成为周边市县自驾游的著名"打卡地"。帕旭·芒石寨的寨门、佛寺、寨心亭、多功能活动广场、垃圾房和公厕都具有浓厚的傣族传统文化特色,2018年,帕

---

[1] 根据2020年7月23日团队成员对帕旭寨村民的访谈资料整理。

旭·芒石寨获保山市第一批"AAA级美丽乡村"荣誉称号。

4.民风习俗传承

湾甸傣族乡以优秀传统文化为载体,以节庆活动为契机,通过政府引导、民间自发组织、社会广泛参与的形式,举办"幸福湾甸·和谐傣乡"泼水狂欢节暨物资展销会。泼水节期间,开展采花、堆沙、洗佛、百家宴(见图3-2)、嘎光表演、打陀螺、捉鱼比赛等极具民族特色的民俗活动和文体赛事。打陀螺是傣族民间传统体育竞技项目,现有市级陀螺传承人1名(岳自海),4名陀螺运动员曾多次代表保山市参加云南省少数民族传统体育运动会,并取得了男女混合打金牌1枚、团体赛铜牌1枚、个人赛铜牌1枚的优异成绩。每年泼水节和春节期间,傣族村寨都会自发组织陀螺比赛,盛况空前。

图3-2 马棒寨百家宴仪式

5.手工技艺培训

湾甸傣族乡积极打造"高踏麦"传统傣族服饰文化品牌,鼓励竹编(见图3-3)、刺绣等傣族传统手工艺品制作,发挥群众演艺协会的职能作用,加大对傣族嘎光、象脚鼓舞、彝族打歌等传统民间艺术的培训。帕旭·芒石寨和马棒寨都分别组建了嘎光队、打歌队、象脚鼓舞队。我们从调研中获悉,湾甸每年由乡文化广播电视服务中心牵头开展的相关舞种培训、展演不少于10次,参训人数超过400人,相关培训广受群众欢迎。

图3-3　傣族村民的竹编手工艺

(三)村民受教育程度与状况

"治贫先治愚,扶贫先扶智。"过去,傣族村寨教育事业发展相对滞后,具体表现为教育基础设施缺乏和师资力量薄弱、适龄儿童教育与城市相比存在多种差异、受教育程度偏低三个方面。父母对孩子上学读书没有强制性要求,更多的是放任他们自己选择。

1.教育基础设施缺乏和师资力量薄弱

帕旭·芒石寨和马棒寨现在已没有农村小学,随着交通变得便利,昌宁县湾甸傣族乡中心小学成为当地学生数量最多的小学,初步统计两个村寨在中心小学上学的学生均有十几个人。教师大多为汉族,使用国家通用语言文字教学,多数教师的年龄在30—40岁。本科师范类教师占比逐年提高,其中部分老教师学历为自考或函授的专科、本科,在基层学校存在一个教师身兼多科教学工作的现象。目前,中心小学教学基础设施和办学条件正逐步得到改善,西南大学在提供对口支援文化帮扶时专门给中心小学建设了运动场。但总体来看,当地教育基础设施还是比较匮乏,师资力量也比较薄弱,供需缺口较大。

2.适龄儿童教育与城市相比存在多种差异

帕旭·芒石寨和马棒寨适龄儿童的教育存在很多不足之处。与城市学生相比,教育水平存在明显的差异,这些差异既与学校教育质量的差异有关,也与当地家庭教育的状况有关。一些孩子的父母由于外出务工,无法对孩子的教育给予足够的关心,对孩子的教育约束比较松散。从教育效果看,城乡差异也较大。村里的适龄儿童通常在初中毕业之后不再继续读书,在帕旭·芒石寨,我们了解到村寨中男性学历与女性学历差距较大:57名男子中有高中学习经历的仅有3人,完成高中学业的仅1人,另有1人在读。46名女子中14人有高中学习经历,9人完成了高中学业,女性的受教育程度总体上高于男性。男生在辍学后普遍选择外出到保山、昆明、杭州、广州等地打工。由于教育观念、流动性等多方面原因,当地一些学生在日常生活中、成长道路上未能获得足够的关爱和有益的引导,家庭教育处于一种自然缺失状态,这客观上影响了乡村人才的培育和储备。

3.受教育程度偏低

受教育程度和文化水平通常是衡量一个地区人口素质的重要方面。湾甸傣族乡近年来加大教育资助力度,全面落实各类教育资助政策,建立健全贫困生救助机制和学生辍学失学动态监管机制,逐步提高学生入学率。但是从教育成效来讲,还有提升空间。根据2020年7月的调查,帕旭·芒石寨人口受教育年限具体情况如图3-4所示。全村接受了0(不含)—6年教育的有140人,接受了7—9年教育的有105人,接受了9年以上教育的有19人,未接受教育的有94人,半文盲和全文盲多为在家的中老年妇女和男人,据他们自己表述,"扫盲班都是上过几回的"。①

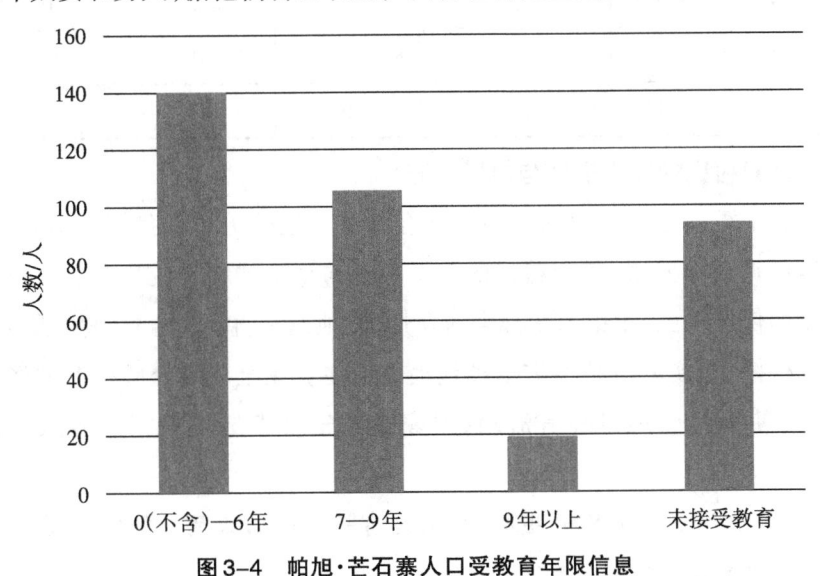

图3-4 帕旭·芒石寨人口受教育年限信息

①根据2020年7月18日团队成员对村民赧某的访谈资料整理。只统计了能调查到的358人的信息,有12人的信息未统计到,后同。

把年龄与受教育程度进行交叉分析(见表3-1),可以更为清楚地看出不同年龄段的人口的受教育情况。从统计数据来看,在71—90岁有32人未接受过教育。51—70岁年龄组中有20人是小学水平,14人接受初中教育。他们的受教育情况较71—90岁年龄组有明显好转。31—50岁年龄组中有2人是高中水平。在6—18岁这个年龄组中,约一半村民完成了初中学业。但总体来看,帕旭·芒石寨的人口受教育程度偏低。

表3-1　帕旭·芒石寨人口年龄—受教育程度交叉统计表

年龄组	受教育程度				
	失学/人	小学[0(不含)—6年]/人	初中(7—9年)/人	高中(10—12年)/人	专科及以上(>12年)/人
0(不含)—5岁	0	0	0	0	0
6—18岁	0	31	20	12	0
19—30岁	20	22	42	4	1
31—50岁	20	50	23	2	0
51—70岁	22	20	14	0	0
71—90岁	32	17	6	0	0
合计	94	140	105	18	1

(四)村民的乡土情结与娱乐心态

安土重迁的乡土观念在中国社会有着久远的历史。我们在帕旭·芒石寨的调研中发现,傣族村民的守土心态与乡土情结比较显著。以农业为生的傣族村民,祖祖辈辈都生活在这里,他们一直认为土地是生活最重要的保障,老实安分待在家里种地最靠得住。完全依靠经验生产的经济模式,使得他们难以轻言流动,举家搬迁这种事情更是很少有人敢想敢做。

"寨里外出打工的那些人,他们终有一天会回来的,还是会'落叶归根',这里就是我们的根基。"[1]

---
[1]根据2020年8月2日团队成员对村民金某的访谈资料整理。

土地是农民生活、致富的根本。农民附着在土地上久了,自然对土地有着深厚的感情,"落叶归根""留给后代"等表达恋土情结的话语由此而生,"生于斯,长于斯,老于斯"的乡土观念反而在市场经济和流动性背景下得到了另一种意义的凝结和强化。

团队在调查中发现,血缘与地缘凝成的"人缘"也是傣族村民守土心态和乡土观念存续的原因之一。在村寨的日常互动中,家家户户在生产和生活中建立了密切的联系。几代人甚至祖祖辈辈辛苦经营的"人缘"是他们的财富。失去"人缘",到哪儿都吃不开。与熟悉的群体分散所带来的风险和困难,是当地许多家庭难以面对的。他们不想失去这种人际关系给生产生活带来的保障。在村寨,婚丧嫁娶和农忙时节,亲邻之间的全面互助是不可少的,当地人习惯于"换工"的生产模式,这种模式强化了当地人与人之间的情感联系。傣族村寨对家园非常重视,我们认为,这种观念对未来的乡村人才振兴和文化传承会有正向积极的影响。

湾甸傣族乡的村民依靠气候条件和自然资源优势,实现了一种自给自足的生活状态。调查组进入帕旭·芒石寨时,正值农闲时节。我们发现喝酒聊天、聚会打扑克牌是这个时段村寨男子主要的娱乐消遣活动。村寨内结婚办的流水席一般要连续吃三天,大家会借这样的时机放松一下。本地人的说法是:"玉米收了,手里有钱了,找些伙伴一起来喝酒,有了时间就放松下,大家都高兴。"[①]在充分享受传统农业文明带来的经济福祉的同时,村民也非常关注乡村公共事务。虽然有些村民对村寨的文化发展认识不是很清晰,但是参与活动的积极性很高,如果对这些积极性和主动性给予恰当的引导,当地将更有希望成功实现乡村振兴。

(五)集体道德情怀与精神信仰

早在20世纪,费孝通先生便在《乡土中国》中提出了"熟人社会"这一概念,他认为中国传统社会有一张复杂庞大的关系网。对生活其间的人来说,熟人社会是一个"熟悉"的社会,没有陌生人的社会。帕旭·芒石寨和马棒寨也具有典型的熟人社会的特征,其主要表现在"流动性不强"与"内部关系强"上。"流动性不强"与坝区低热河谷亚热带气候下的传统种

---

① 根据2020年7月23日,团队成员对村民金某的访谈资料整理。

植方式有关。这种农业呈现的非迁移性与浅分工性使人们像半身插入了土里。"内部关系强"主要体现在:一是血缘关系上的错综复杂,寨内外、不同民族通婚日益增多,形成"全寨子都是亲戚"的关系;二是生产关系上的密切协作,在农业方面因历史原因、自然原因形成的地多人少现状,使村民间的互助生产相当普遍,社区互动中建立的换工制度、义务工制度等增强了村民之间团结友爱的精神。

1."我们寨很团结":村寨集体精神的自评

乡土文明建设,一个很重要的方面就是农民精神风貌的建设。集体精神就是其中一个重要的维度。我们通过总体性的调查发现,村民普遍对本村寨的集体精神高度肯定,不仅有"个人服从集体"的大局意识,"我们寨很团结"的内部定位,更有在经济文化建设方面领先周边村寨的雄心壮志。帕旭·芒石寨和马棒寨村民们愿意为集体无私付出和奉献,他们发自内心地认为他们与村寨集体是"命运与共"的。

"虽然湾甸的寨子都很团结,但我还是感觉我们马棒在团结方面要更强些。因为我们这里即使邻里之间有再大的矛盾都能协调好,集体的事大伙儿都要去做,不会因为小意见和有矛盾而坏了整个集体的名声和威望。"①

这种精神跨越民族之别,主要表现为集体活动的共同参与。

"我记得大集体时期我们和汉族寨子的交往就很频繁了,还会互相迁移,比如昌宁、大田坝这些地方就是这样。来了村里不管是什么活动,都要参加,大家同吃一锅饭,同喝一碗酒。不管建什么,搞什么活动,他们要拼(方言,联合的意思)我们一起,斗(凑)个菜啊,斗(凑)一点儿钱啊,他们也必须出一份。作为一个集体嘛,他们这么做应该才是对的吧?就是要有这种集体思想。"②

这种村寨文化中综合形成的血缘交错、地缘邻接、生产互助和集体团结的先发优势,使得马棒寨与帕旭·芒石寨在乡土性特色上各有特点。当地民族特质与习惯传统等呈现出共性与差异性的辩证统一。村寨内集体

---

① 根据2020年8月4日,团队成员对马棒寨村民金某的访谈资料整理。
② 根据2020年8月6日,团队成员对马棒寨村民万某的访谈资料整理。

祭祀活动(如供佛、献舍林等)、集体娱乐活动(如嘎光舞、陀螺比赛等)、依托义务工制度的集体建设、个人办客(当地指邀请客人)等,都为集体精神的培育提供了肥沃的土壤。

2."积功德行善事":小乘佛教精神信仰

在昌宁县境内湾甸、柯街、卡斯、勐统的傣族村民普遍信奉小乘佛教。佛教讲究修行"功德",所谓"功德"是指行善所获得的果报。诵经、布施、放生、修建佛寺等善行都是具有功德的。在此观念下,傣族村民相信行善事能积功德,一切功德都会在善行中积攒起来,成为人生后段或生命轮回中的福报。他们将诚信、友善等理念也作为一种广义的"善"珍藏在心中。

"佛塔在傣族人民的心中,是一种精神思想上的向往与寄托。这个塔,它是分层的嘛,一层一层向上,就像我们对美好生活的梦想。"[①]

"比如我们这个舍林,建它是为了求得平安、求得保佑、求得寨子里面的诸事顺当。"[②]

二、湾甸傣族乡文化振兴的问题与对策

(一)主动创富的思想认识和文化氛围不足及对策

在创富路上,帕旭·芒石寨和马棒寨的傣族村民对农业种植业的经济收入还比较满意。

"我们现在种玉米,卖得还可以。种辣椒还是种别的什么,要看菜老板收菜的情况。每年我们的收入还是可以的,其他的也不会,打工也不去了,也想不出来还有啥门路。"[③]

很多村民对村寨的文化特殊优势可能带来的经济发展模式的改变认识完全不足。

"我们是一辈子种地的人,懂得也不多,每天关心最多的事就是赚钱。前些年就是想把家里的房子修一修,送小孩去读点儿书。忙的时候,家里

[①]根据2020年8月4日,团队成员对马棒寨村民万某的访谈资料整理。
[②]根据2020年8月4日,团队成员对马棒寨村民万某的访谈资料整理。
[③]根据2020年7月25日,团队成员对村民银某的访谈资料整理。

农活从早到晚干不完,也不明白这个文化怎么搞旅游(怎么靠文化推动旅游发展)。农闲的时候就喝喝酒,放松下。我们村里有几个认识傣文的,就他们还看看经书。这些年乡里面来的人都会和这些懂经书的人聊两句。"①

这里农村的一些客观条件影响了当地人的致富理念,人们的追求更加现实,更加物质化,更顾眼前利益,所以他们对政府推动的文化扶贫工程存在理解上的偏差,缺少与外界的文化交流,参与文化活动的意愿不强,在致富这个问题上仍然存在着一定的"等、靠、要"思想。他们认为文化扶贫对自身经济发展的贡献率低,不如产业生产见效快。

文化扶贫的"扶志""扶智",对部分贫困群众依靠优秀传统文化的力量实现全面发展,对村民形成实现乡村振兴的决心和信心,更具有内在性、实效性和长效性。从多个调研角度看,基层工作的绩效评价中,文化扶贫收益低、见效慢、投入产出比值低的问题突出,存在重视经济发展而轻文化发展、重视经济扶贫而轻文化扶贫的意识。部分文化项目未能发挥出设计时的预期效果,未能形成文化扶贫的推动力,未能带动村寨内文化创新发展。

(二)公共文化服务体系辐射效能较弱及对策

对面向大众的公益性文化服务体系软硬件的调查表明,在乡村文化娱乐服务体系中,公共文化基础设施如图书馆等都集中在当地行政管理机构所在地,辐射效能有限。

"村里的文艺表演舞台、广场的修建费用都是我们每家人自己凑的,集体出钱,上面(乡里)给我们的钱相对较少。"②

一方面是缺少如农家书屋、文化公共服务点、文化活动室等基础设施;另一方面是缺少管理和维护人员,更为重要的是实际提供的公共设施服务与村民的需求不对等。村寨的文化基础设施缺乏专人维护,长期得不到有效利用。实地调查时,我们发现帕旭·芒石寨所建的村情展览室里,铓锣、象脚鼓、佛经等都铺满灰尘,甚至出现了破损。

---

① 根据2020年8月4日,团队成员对马棒寨村民万某的访谈资料整理。
② 根据2020年8月13日,团队成员对马棒寨村民万某的访谈资料整理。

"我们日常是不来(村情展览室)的,做义务工的时候会来这儿做一下清洁,村里举办活动或上面有人来的时候会拿一些东西出来摆一下,平时都关着。"[①]

对具体如何实施好"文化惠民工程",马棒寨银社长曾谈道:

"为村民提供的文化服务只是形式上的,还缺乏针对性。现在等国家建是一方面,另一方面我们自己也愿意通过集体的力量来建,也希望有热心的人来建。建的东西应该更丰富些,比如文化传习馆需要建,因为我们这里很热,也需要建一个游泳池。"[②]

总体来讲,不同的村寨有着差异化的需求和建设思路,有的是以文化传承服务体系为优先,有的是以农村文化服务体系为基础。做到"一村一品",才能通过公共文化服务体系的建设,形成地域文化特色,满足特色发展需求,实现文化振兴的强效能。

(三)价值赋能文化资源不够和保护开发力度不强及对策

湾甸傣族乡民族传统文化资源丰富,傣乡村寨特色明显,不可移动的文物保存较为完好,如何更好地挖掘历史文化资源,对湾甸区域的民间艺术、传统习俗、农耕文明进行深入的研究、整理,推动文化遗产的活化利用,服务于文化振兴,一直是一个较大的难题。对文化遗产的保护和发展,还不够系统也不够深入。一是对当地优秀传统文化中的非物质文化遗产的保护不够。在非物质文化遗产保护方面,虽用古傣文记录了傣族先民发展奋斗的历史,但是缺乏完整的典籍整理和数字化保护,这影响到传承和保护当地民族文化的效果。二是对村寨的核心文化元素符号缺乏系统性认知和价值赋能,也未能充分利用在傣乡民居建筑、服饰等上,无法凸显傣文化的价值,而民众也无法充分发挥"薪火传人"的作用。三是全民参与的文化保护机制不健全。村寨没有全面落实传统村落保护计划和创新保护方式,缺乏专项基金资助。村民履行文物保护、修缮的义务不到位,没有形成"人人参与文化保护,家家成为民俗博物馆,户户都是文化保护场所"的良好局面。对此,文化帮扶团队应充分利用高校人才、技术、

[①]根据2020年8月13日,团队成员对村民万某的访谈资料整理。
[②]根据团队成员对马棒寨银社长的访谈资料整理。

资源等优势,帮助、支持湾甸傣族乡开展系统的典籍整理工作,并帮助其实现典籍的数字化保存。充分挖掘提取傣文化元素符号,并将其运用于生活之中,使村寨以特色鲜明的民族文化,形成文化旅游资源。通过帮助村寨制订保护计划,创新保护方式,实现文化价值转化等,激发村民对民族文化的珍视与热爱之情,使其形成主动保护文物、宣传民族文化的意识。

(四)特色文化资源活化利用与创新性发展程度不高及对策

习近平总书记指出:新农村建设一定要走符合农村实际的路子,遵循乡村自身发展规律,充分体现农村特点,注意乡土味道,保留乡村风貌,留得住青山绿水,记得住乡愁。如何活化利用传统文化资源,创造性地转化和发展特色文化资源就显得尤为重要。文化振兴的内容和形式安排,要体现出政府安排和主导的明确方向性,但文化振兴不能过于依赖政府"送文化",而缺乏政府与村民主体双向参与的"种文化"。

为加快帕旭·芒石寨和马棒寨特色文化资源活化利用与创新性发展,一是可以在当地的传统舞蹈表演中融入时尚元素,直接推动节庆文化展演商业化发展。二是充分抓住"数字机遇"实现整体的文化产业接续发展,提升产业价值,可以考虑引入更多的传播渠道,比如抖音和快手平台,将传承民族传统文化与直播带货相结合,不仅能让傣乡相关产业的发展"火起来",更能让傣乡文化真正在创新中"活起来"。

第四章

留住乡愁：高校技术优势服务乡村生态振兴

美丽乡村是我国生态文明与绿色发展最真实的写照，其建设既是村民对美好生活的向往和追求，也是乡村振兴战略的重要组成部分。良好的生态环境是农村发展的最大优势和宝贵财富，更是实现产业兴旺、打造宜居环境的前提。高校是人才培育、科技创新和社会服务的重要阵地，在全面推进乡村振兴的过程中，西南大学文化帮扶团队树立和践行"绿水青山就是金山银山"理念，在全面调查、深度发掘和系统整理云南昌宁县湾甸乡马棒寨和帕旭·芒石寨的民族文化和生态资源基础上，分别提出编制湾甸田园综合体和湾甸傣族文化生态博物馆规划，倡导尊重自然、顺应自然、保护自然的理念，以文化帮扶使湾甸实现可持续发展。湾甸乡的村民（见图4-1）是淳朴的、善良的，希望我们的文化帮扶，能帮助他们在绿水青山中共享自然之美、生命之美与生活之美。

图4-1 昌宁县湾甸乡部分居民的合影

一、建设田园综合体：打造昌宁湾甸的文化名片

田园综合体是乡村综合发展的新模式。它集现代农业、休闲旅游、田园社区于一体，以美丽乡村和产业发展为基础，扩展农业的多功能性，实现田园生产、田园生活、田园生态的有机统一，以及和一、二、三产业的深度融合。田园综合体是在城乡一体化格局下，顺应农村供给侧结构性改革、新型产业发展，结合农村产权制度改革，实现中国乡村现代化、新型城镇化、社会经济全面发展的一种可持续性发展模式。昌宁县湾甸乡马棒寨具有独特的自然资源和文化底蕴，当地围绕民族团结进步，以建设共有精神家园为导向，以乡村振兴为发展目标，在守住生态底线和不越过耕地红线的基础上综合规划和开发建设田园综合体。

在城乡融合发展背景下，昌宁县紧紧抓住中央和云南省支持民族地区发展的良好机遇，依托"十县百乡千村万户示范创建工程"，打造具有特色的，产业强、环境好的，民富、村美、和谐的民族团结进步示范村镇，推动形成以点串线、以线连片、以片带面的示范创建格局，不断推进示范创建进机关、进企业、进社区、进乡镇、进学校、进寺庙、进军营等活动，按照"目标任务化、任务项目化、项目部门化、部门责任化"的要求，加大民族政策落实力度，用足用活帮扶政策，争取更多发展项目、民生项目落地。其中马棒寨以构建美丽家园、推动经济建设、传播教育理念为目标，以旅游产业为抓手，努力实现各民族之间团结友爱，共同富裕，让寨民过上更好的日子。现在，已经有越来越多的人知道了马棒寨和这里的田园风光、民族特色。

（一）湾甸田园综合体发展原则

昌宁县湾甸傣族乡认真贯彻落实上级要求，根据"十县百乡千村万户示范创建工程"的工作要求，做到"项目到村、扶持到户、创建到户"，创新民族团结进步示范创建模式，拓展民族团结进步示范创建内涵，切实加强民族团结进步创建工作，积极推进民族特色乡镇建设，充分激发各族群众的内在发展潜力，努力实现共同富裕。

一是聚焦基础设施建设，努力改善当地民众生活。坚持城乡统筹协

调发展,以推进城镇化和新农村建设为抓手,全面构建民族特色鲜明、城乡和谐共融、差距逐步缩小、可持续发展的乡镇发展新格局。不断完善城镇交通、水利、电力、环保等基础设施建设,实现乡镇通柏油路、村村通硬化路,提高农村客运覆盖范围和安全舒适度,建成了以乡镇超市、农村综合服务站为支撑的农村现代物流服务网络,乡镇空间布局不断完善。完成村组道路硬化29.59公里,建成景观道路260米,建设桥涵9座,安装路灯173盏,有效地提高了当地的生产生活水平。

二是聚焦生产发展,培育民族特色经济优势。依托得天独厚的气候优势和土地资源优势,因地制宜选择适合当地发展的特色优势产业,布局和扶持起了一批特色化、集群化、规模化,群众普遍受益并不断增收的产业。通过万亩蔬菜、万亩西瓜、万亩林果"三个万亩"规模产业和千亩沃柑、千亩柠檬、千亩葡萄、千亩芒果"四个千亩"农业示范庄园的建设,全面提升农业发展规模化、组织化水平。

三是聚焦民生改善,凝聚跨越式发展合力。改善农村和城镇住房条件,全面消除农村危房和人畜混居现象,实现了自然村全面通电、通路、通电话、通广播电视、有安全饮用水等。民族团结进步示范村、民族团结进步示范户创建活动有序推进,推动现代文明进村入户。加快教育事业发展,从根本上提升群众自我发展能力。加快完善城乡社会保障体系,逐步提高社会保障水平,完善乡镇公共卫生及基本医疗体系。累计完成特色民居改造150户,建成傣族特色寨门3座,建成景观凉亭2个。

四是聚焦生态文明,探索持续发展道路。结合人居环境治理工程,深入开展绿色村寨创建和环境综合整治,对乡村工业污染、农业面源污染以及农村垃圾、污水进行有效治理,村寨"绿化""美化""亮化"水平不断提高,天然林、防护林、湿地、重要水源地等得到保护,各项生态措施得到推进,使广大群众在生态文明建设中得到了实惠。共建成公共厕所26座,垃圾处理池51个,排污沟12.42公里,氧化塘5座。

五是聚焦民族文化,打造傣族特色文化品牌。以建设民族特色村、特色镇为载体,通过民族文化传承展示平台,发展壮大旅游业、传统民族手工业,带动群众增收致富。在传承保护中发展繁荣民族文化,抓实传统村落保护,实施传统文化保护与发展工程。加强民风民俗的传承和保护,比如湾甸乡精心组织的"幸福湾甸·和谐傣乡"泼水狂欢节,已成为当地的民族文化品牌。加大民间技艺传承和保护,推进民族文化产业稳步发展,"高踏麦"传统傣族服饰文化品牌和傣族竹编、刺绣等传统手工艺品已显现出良好的经济效益。

六是聚焦主体能力,激发群众内生动力。加强民族团结进步宣传教育,每年组织民族宗教活动场所管理人员、村组民族宗教工作联络员开展2次以上专题培训,以提高他们熟练掌握、运用法律法规管理和解决宗教事务的能力。加强民族团结进步示范区创建活动,坚持"团结、教育、疏导、化解"的方针,认真执行"一事一议"工作制度,及时有效排查调处各类矛盾纠纷。结合"法制湾甸、平安湾甸"主题宣传月、"国际禁毒宣传日"等宣传活动,向群众发放民族宗教政策、相关法律法规、反邪教宣传等材料。

(二)湾甸田园综合体模式分析

在马棒寨建设云南昌宁县湾甸田园综合体,旨在最大限度地发挥当地民族传统文化的作用,提升地方文化软实力,加大对民族优秀传统文化宣传力度,普及传承与保护知识,培养传承与保护意识。坚持民族优秀传统文化与旅游、媒体等多方面结合,提高当地民族文化的知名度,实现文化繁荣和经济增长双赢。湾甸田园综合体建设依托"特色小镇""美丽乡村"等工程,注重文化传播和艺术再生两个方面的打造。

在文化传播方面,注重发掘利用好昌宁本地人居环境的地域性和文化性资源(见表4-1),将其精华引入湾甸田园综合体,从建筑和民俗等多个方面入手,通过艺术记录的方式来呈现,树立文化自信。着重从村落格局、传统民居的建造方式和建造仪式、区域民俗活动、宗教乐舞、地方性物产等多个方面入手,以人类学绘本的方式来记录和描述每一个村落的文化传承过程。

在艺术再生方面,注重时代背景下原生性人居环境的自然演化特质,以民生和经济学规律为基本出发点,强调优先尊重村民意愿,并顺从于其建造意愿,以引导性的身份和姿态来融入再生设计的内容,切实可行地用设计知识和设计技能为乡村服务。

表4-1 昌宁县文化资源一览表

文化类别	文化特征
历史文化	建县以来,昌宁5个乡镇25个地点,先后28次出土了大批文物。特别是在县城东南部出土的286件(套)春秋战国时期的青铜器、陶器、玛瑙等随葬品,成为昌宁厚重历史文化的重要见证
民族文化	昌宁有8个世居民族、25个其他民族,少数民族人口4.2万人,约占全县总人口的12%,多民族文化的互相交融,形成了绚丽多彩的民族文化。"昌宁苗族服饰"进入2006年国务院公布的第一批国家级非物质文化遗产名录
生态文化	昌宁境内有林地面积308万亩,森林覆盖率达60.43%,素有滇西"绿色明珠"之称。其中美丽的天堂山,有万亩杜鹃、万亩原始森林和万亩高山湿地,构成昌宁天然的生态屏障
田园文化	昌宁县城三面环山、河流穿越、田城相间、山水相依,形成了"山水相间、田城相融,田在城中,园在田中,田园景观化、景观田园化、田园景观城市化"的田园城市景观风貌

第一,加强民族文化活动场所建设。加强民族文化活动场所的建设,可以促进马棒区域各民族之间文化活动的蓬勃开展,也方便马棒寨各民族之间进行文化交流。

第二,大力传承和保护民族传统文化。马棒寨是一个多民族居住的村落,各个民族都具有属于自己民族的文化特色。应对当地充满特色的民族服饰、歌舞、语言等加以保护,让这些优秀的文化得以传承,以保护当地民族传统文化的多样性。

第三,强化民族地区基础设施建设。作为一个多民族聚居的地区,民生问题一直以来都是当地要首先解决的核心问题。为了使马棒寨的民生得到改善,应当强化当地基础设施建设,弥补环境发展的短板,从而惠及当地各民族人民,增强各民族人民的幸福感。

第四,积极强化民族团结进步宣传教育活动。应进一步在马棒寨组织开展爱国主义和法制宣传教育活动,让广大村民进一步懂得学法、守法、用法的重要性,不断凝聚以爱国主义为核心的民族精神,促进民族团结进步创建工作的开展,铸牢中华民族共同体意识。

湾甸马棒寨田园综合体主要建设于马棒山公园,划分为"一环、三心、三路、十二区"(见图4-2)。"一环"是田园综合体呈环状分布。"三心"是商业核心、文化核心、农业核心。"三路"是旅居之路、文化之路、农业之路。"十二区"是特色民居区、民宿旅居区、文化礼堂区、有氧亲子游乐区、休闲运动区、民族风情商业区、民族团结文化区、农产品基地区、特色农作物种植区、乡村农业展示区、特色采摘体验区、农产品加工区。在绿化方面,构建常绿背景林带、行道树带以及公园绿化带。同时与各大果园结合,提升绿化率。

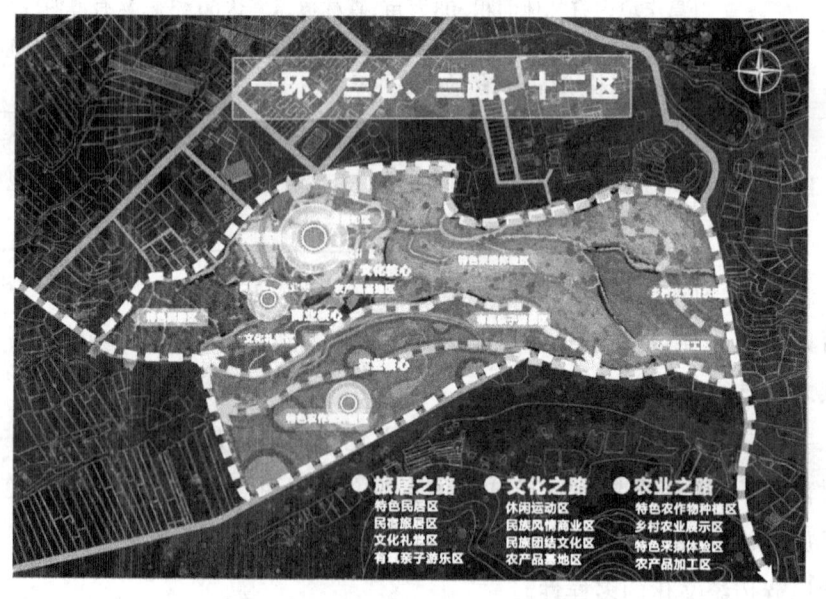

图4-2 "一环、三心、三路、十二区"示意图

项目整体由一条主题游览线路构成,四个观景点都位于高处,视线较好,"隐露"空间有机结合,居民区都隐匿于山中(见图4-3)。

图4-3　马棒山公园观景点分布图

整体的交通设计结合外部的县道及内部村路、农田,层次分明,有较强的循环性与便利性。道路主要分为:外围车行线、观光车流线、步行游线、田埂作业线(见图4-4)。内部观光车流线由村里的主干道构成,提供农业观光、湾甸湖观光、果园观光等多种体验。

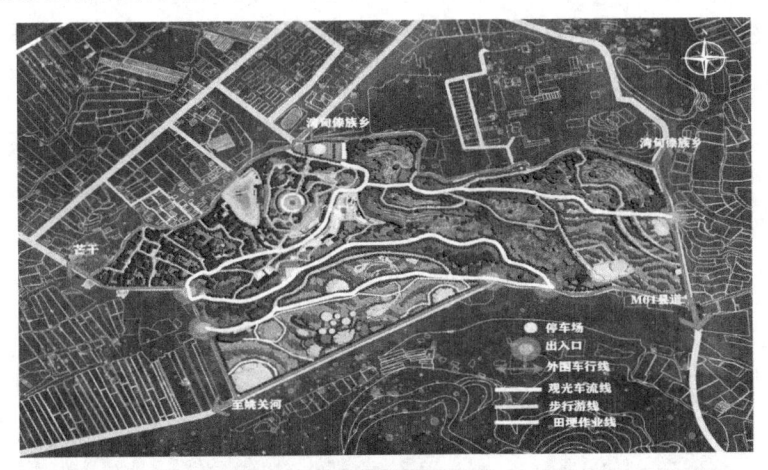

图4-4　马棒山公园交通路线图

(三)产业融合下的湾甸田园综合体发展

田园综合体是建立在农业生产生活基础上,同时融生态产业、生态旅游等发展模式于一体的综合性乡村发展模式,在维系人与自然和谐共生的基础上,实现乡村地区的一、二、三产业的有机结合。①昌宁县湾甸田园综合体的开发需要因地制宜,以农业为基础,以旅游业为引擎,依托特色产业做好规划设计,带动休闲农业、文化体验、创意产业融合发展,实现乡村经济社会和生态环境协调发展。

湾甸马棒寨田园综合体按产业规划可分为农业观光区、创意服务区和文化体验区等区域。农业观光区是马棒寨的基础产业区域,可结合现有的果园以及将万亩蔬菜、万亩西瓜、万亩林果"三个万亩"农业种植示范区当作庄园来打造,实现种植业和旅游业的有机结合,促进农业生产发展,提高农民收入。创意服务区集民宿区、健身休闲运动区、商业街以及活动中心于一体。文化体验区主要通过民居、民俗博物馆和民族团结广场来呈现马棒寨的文化特色。

马棒寨田园综合体以公共服务设施主要景观群为中心展开建设,并与旅游开发配套,以达到既满足当地居民的生活需求又配套服务旅游业的效应。马棒寨田园综合体交通便捷,配套有服务中心、停车场及观景群周围的公共厕所、休闲座椅等(见图4-5),可在居民区利用民宅发展农家乐,形成市集,提供丰富的购物及娱乐体验。该综合体有完善的游乐活动体系、特色化的住宿餐饮体系,形成了良好的循环价值链。

图4-5 马棒山公园服务设施规划

---

① 邓华艳,李振全,马思聪:《江苏省绿色乡村建设现状与适宜技术》,《江苏农业科学》2021年第9期。

田园综合体与乡村社区结合的建设是城乡融合发展背景下推动乡村自然、经济、文化协调发展的保护性开发模式，是实现社区特色发展、产业深度融合发展与民族文化交流的创新之举。为打造马棒寨田园综合体，第一，应结合马棒寨充满特色的田园风光和土地资源，大力推动符合当地特色的种植产业发展，培育具有特色经济优势的生态系统，打造集观光体验、种植为一体的绿色观光园。第二，应增强各民族之间的团结合作，营造富有团结意识的环境氛围，共同构建民族特色鲜明、各民族人民和谐共处、可持续发展的新村落，从而有效改善当地人民的生活环境。第三，应提高农村公共服务水平，完善城乡社会保障体系，凝聚跨越式发展合力，推动马棒寨经济建设，从根本上提升人民的生活质量水平。第四，应将马棒寨富有特色的民族文化作为发展的基点，大力推进马棒寨旅游业的发展。通过民族文化特色与旅游业相结合，让马棒寨的民族文化艺术得到宣传，创立特色民族文化品牌。通过以上措施建设集智慧农业、创意农业、农事体验、科学教育于一体，融合农文教旅的乡村田园综合体，将形成示范效应、辐射效应，整体上带动当地各项事业的发展。

二、规划生态博物馆：留在昌宁湾甸的乡愁记忆

乡村生态博物馆以村寨社区为单位，包含与乡村息息相关的生态环境、社会形态、文化传承、生产生活状态等完整的生态系统，提倡以活态化的方式保存地方文化精髓，展现村民生活、经济与生态三者平衡发展与和谐发展的状态，其建设是乡村振兴进程中实现乡村文化传承和经济发展双重效益的有效路径。

(一)以留住乡愁为建设理念

建设乡村生态博物馆是留住"乡愁"、留住"根"的有益探索，可为乡村社会发展与基层群众精神文明建设注入新的文化力量。从20世纪60年代开始，生态博物馆实践涉足多个领域，例如历史原址、工业遗址、农业遗产、民族村落、自然生态区域等。中国的第一个生态博物馆是贵州省六枝特区梭戛生态博物馆。生态博物馆引进国际上先进的新博物馆理论，可

原地保护中国民族民间的优秀文化,促进民族地区社会经济文化的全面进步与发展。近年来中国生态博物馆的发展呈现多元化发展的强劲势头,林业、地质、环保等一系列部门纷纷介入。在中国进行现代化建设的场景中,生态博物馆力求全面传承和保护优秀的地域文化和民族文化,并努力实现文化与生态环境、社会、经济的协调和可持续发展,是中国乡村建设的一种新型模式。[①]

昌宁县湾甸傣族文化生态博物馆的建设要着眼于传统村落的保护与活化利用,利用旅游延续和复兴村落传统产业,实现文化记忆的延续。生态博物馆将民族文化性、生活区域性与居民参与性相互联结,特别强调将村民的日常生活作为博物馆展示的一项重要内容,更加注重利用社区的空间生态环境来保存各类遗产,实现了物质与非物质遗产的完美融合。可通过挖掘乡村历史文化底蕴,收集和整理村民口述资料、老旧物件、历史图片、地方故事、宗族信仰等在地文化相关素材,开展乡村文化精神回归与在地可持续发展行动,让生态博物馆成为追寻地方记忆、共建和美乡村、憧憬理想家园的空间场域,充分展现博物馆在推动文化"软实力"成为乡村振兴"硬支撑"中所发挥的作用和力量,在动态活化利用中传承文化基因和留住乡愁。

(二)以文化基础为建设根本

生态博物馆不同于文物保护机构,它不仅关注属于静态文化范畴之内的建筑、生产生活用品等,更重视动态文化范畴之内的各种文化形式,特别是当地人的价值观、审美情趣、生活方式、千百年来形成的精神特质。[②]湾甸在历史上有很长一个时期属于一个独立的行政区域,傣族文化具有较强的独特性和吸引力,保护好、宣传好当地具有发展价值的傣族文化是湾甸傣族文化生态博物馆建设的根本方向。

生态博物馆是将时间和空间、静态和动态有机结合的一种表现形式,更是一种文化理念,能让参观者走进村寨、贴近自然、体验风情,真正地在

[①] 尹绍亭,乌尼尔:《生态博物馆与民族文化生态村》,《中南民族大学学报》(人文社会科学版)2009年第5期。
[②] 黄春雨:《中国生态博物馆生存与发展思考》,《中国博物馆》2001年第3期。

人与物、物与环境交互中留住文化实质、留住村民的文化之根。要建设好生态博物馆就要以当地文化基础为建设根本。

湾甸傣族文化基础主要体现在傣族村落建筑、耕作方式、服饰、饮食、宗教信仰、习俗等方面。

湾甸乡傣族村落建筑以多重屋盖为主,仿佛寺飞檐,以金黄为贵,色彩清丽,在傣族(旱傣)地区有一定的代表性。其村寨口的寨门金碧辉煌,装饰独特,是湾甸傣族非常有内涵的标志性建筑。这里的佛寺虽然建筑形态各异,但总体上都体现出小乘佛教的佛寺建筑风格。

湾甸乡在农业生产上也逐渐采用精细农业、现代化农业的生产方式,但一些传统的农业工具仍然存在,仍在使用。傣族妇女的服装在形制上少有变化。男性服装变化很大,日常生活中所穿的多为市场上购买的普通服装,但老人多保留了自己民族在节日、婚丧礼仪时所穿的一些服装。由于受气候、物产、习惯的制约,其饮食文化的变化不是很大,虽然现代饮食已经进入湾甸乡人的日常生活中,但以酸味等为特色的湾甸傣族饮食,在其日常生活中仍占据主导地位。

傣族信仰小乘佛教,崇尚积德行善,人们供佛念经,以尊老爱幼、文明礼貌为美德,以欺弱行骗、偷盗抢劫为耻。傣家人认为和尚是佛祖派来送福的使者,是吉祥的象征,以与和尚相遇为喜兆,视佛爷接触之物为吉祥物,视被佛爷赞美之人为有福之人。因而在举行重大活动或庆典之时,都把自己最好的衣裳铺在佛爷必经之路上,以示虔诚。谁的衣裳被佛爷踩到了,谁就是最幸福的人。

佛寺(即奘房)是傣族供佛念经的地方,也是他们欢度节日或举行重大庆典的场所。湾甸傣族乡的第一座佛寺为帕旭佛寺,位于湾甸河西岸帕旭·芒石寨的芒果林中,距今已经有400多年的历史,系大勐统土司出资,剑川木匠出技术建盖而成。佛寺建筑奇巧,造型优美,做工精细;寺内装潢别致,大小佛像琳琅满目。其中有面积超过11平方米的壁画,画面壮观,题材各异,人物栩栩如生,呼之欲出,每个细节都体现了精湛的艺术造诣,充分显示了傣族古老而神奇的历史文化。随着生活水平的提高,今天湾甸每个寨子都建起了佛寺,除帕旭佛寺外,还有城子佛寺、大城佛寺、芒帕佛寺、芒岗佛寺、马棒佛寺、大树佛寺、小新寨佛寺、旧寨佛寺等。很多佛寺建于青山绿水、浓荫蔽日的清幽之地,其建筑技术精湛,设计别具匠心,寺内都供有佛像,具有浓郁的傣族风格,体现了傣族人民高超的建筑技术,凝聚着傣族人民的聪明智慧。

  傣历九月十五日至十二月十五日是傣族打斋节。打斋每七天为一斋,每斋第六天傍晚,年轻人围在大青树下"跳摆",老年人则聚在斋主家,听熟悉傣语的人讲傣语故事,内容多为民间故事、传说。当晚回家"净身"(洗澡),第二天一大早,即换上整洁的衣服(多为白色),端上供品携全家去佛寺拜佛,听佛爷念经,忏悔自己的过错。全天只吃一顿饭(午饭),意在节俭,磨炼意志。已经入教的必须吃斋,不能吃荤。这项活动历时三个月,一直到十二月十五日,佛开门,称"开门节"。据说佛到西天讲经三个月后,在这天返回人间。所以在这天,各村各寨敲锣打鼓,前往佛寺参加集会,拜佛祷告,欢迎佛归。结束为期九十天的"打斋"活动。

  泼水节是傣家人最隆重、最热烈,也是最欢快的节日。泼水节的第一天,傣语叫"桑刊日",意思是送旧,这一天要上山采花,将采来的鲜花插在"花架"(洗佛架)的四周。最末一天,是迎接"日子之王",即新年(傣历年)元旦的到来。泼水节是傣家人与各民族兄弟姐妹联盟的盛会,节日里要举行堆沙、泼水、丢包等活动。跳摆是节日里人们最喜爱的舞蹈形式。①湾甸傣族除了有许多的传统节日、供佛活动外,还有祭寨、祭田、祭林等宗教仪式,尚存漆齿、文身等习俗,有"祈祷安康""感恩图报"之意。

(三)以综合开发为主要途径

  湾甸傣族文化生态博物馆拟建在帕旭·芒石寨,原因有四个方面:一是帕旭是湾甸地区建立佛寺最早的地方,是此地的南传佛教文化传播之源;二是帕旭位于姚关河进入湾甸坝的水头之处,有地理上的优势;三是

---

①在湾甸乡傣族的习俗中,跳摆,称为"嘎光",是傣族所共有的一种独具民族特色的集体舞蹈形式,也是傣族人民表达美好愿望和幸福生活的方式,一般在重大节日和喜庆之时都要"赶摆""跳摆"。丢包,是傣族青年男女传统的节日活动,是男女青年谈恋爱的一种方式。丢包,傣语叫"端管"。每年春节过后的两天,随着打陀螺的队伍一起,怀揣彩包的"小卜冒""小卜哨"也有目的地走村串寨,在那多情的大青树下、翠绿的凤尾竹旁开始丢包。彩包在空中似彩蝶飞舞,人们笑声阵阵,非常热闹。

帕旭环境优美,有一定的文化心理优势,傣族优秀传统文化保存较好,适合建设湾甸乡的文化项目;四是湾甸乡到帕旭村之间约有5公里的路程,拥有足够的空间来安排观光农业项目。

湾甸傣族文化生态博物馆拟由一个"傣族文化展示中心"和一个"村落活态展示区域"(主体展示区域在帕旭·芒石寨,但具体展示范围包括所有的湾甸傣族村落)构成,即整个湾甸的傣族村寨都是一个活态的博物馆区域,人们在"傣族文化展示中心"看完当地傣族文化的介绍后,可以在湾甸傣族村落中参观和体验活态的傣族文化,生态博物馆的文化传播功能即以此实现。

此外,配合湾甸傣族非物质文化遗产保护,在合适的傣族村落设置一些傣族文化传习所。比如在马棒寨设立湾甸傣族艺术工艺传习所,在小新村设立傣族神话、传说传习所。这些传习所既配合了国家非遗的保护工作,也是湾甸傣族文化生态博物馆的"村落活态展示区域"的重要组成部分。

生态博物馆的"村落活态展示区域"需要进行一定的规划,比如参观标牌的设立,参观体验公共空间的设立,以及参观服务设施的配套建设(如村厕所,土特产品、纪念品交易点)。传习所的建设也需要一定的投资,都可以纳入美丽乡村建设等项目中一并实施。

湾甸傣族文化生态博物馆的"傣族文化展示中心"规划占地1 000多平方米。"傣族文化展示中心"的展示厅约占地800平方米,小型学术会议厅约200平方米,管理员馆舍约200平方米,其他约100平方米。此"傣族文化展示中心"还需要配套建设小广场、停车场等。建筑主体需要建筑设计部门按照湾甸傣族文化表现形式和生态博物馆的内涵进行设计。"傣族文化展示中心"展区,拟分为"中国傣族""旱傣和湾甸傣族""环境和生计""物质文化""信仰文化和民俗文化""节日和艺术"等部分。采用"实物+图片"的布展模式,按照博物馆一般技术要求设置灯光和展柜;以多媒体影像技术为辅助,同步建设湾甸乡傣族文化数据库和增设配套管理设施。

中国要全面建成社会主义现代化强国,实现第二个百年奋斗目标,以中国式现代化全面推进中华民族伟大复兴,农业农村是最为重要的一环。

在城市实现现代化的过程中,博物馆、艺术馆、展览馆、体育馆、图书馆、医院、学校等等,都是表现现代性的重要元素,而建设生态博物馆则是农业农村现代化建设最好的表现路径。它结合了原地保护、民族传统文化保护、生态建设等一系列理念,是大多数具有前瞻性的发展地区重视的建设内容。

民族传统文化不可避免地面临着"全球化"的"弱化"影响,文化保护与发展工作必将是一项持久而艰巨的系统工程。我国的民族文化具有坚韧性、深刻性、可传承性等特点,生态博物馆建设的意义在于保持我国民族文化的多样性,留住人类历史和记忆,促进人的和谐发展。湾甸当地需要结合近期和长期发展的方针,前瞻性地布局村寨文化的挖掘、整理和展示工作,重视珍贵文化资源的创造性转化与创新性发展,促进当地经济、文化、社会和生态的均衡发展,不仅要为湾甸发展民族文化旅游奠定良好基础,更要为湾甸储备一座文化遗产的"金山银山"。

第五章
活化民俗：高校文化资源培育乡村文化载体
——以马棒寨舞蹈队为例

传统村落作为区域文化的重要载体，融自然山水、道德传统、民俗民风、建筑美学等于一体，具有重要的文化底蕴和价值。如何能因地制宜地在对口帮扶工作中活化民俗，培育乡村文化载体，湾甸的"村落样本"——马棒寨舞蹈队的打造，也许能为我们提供答案。

八月农闲时期的夜晚除了星空还有音乐。晚饭后，村寨的"公共空间"——小坝子循环播放起旋律优美的民族歌曲。音乐一响起，村民们陆陆续续从家中向熟悉的地方聚拢，村寨的"共娱时刻"开始了。只见身着民族服装的舞蹈队自然整齐地随着优美的音乐起舞，皎洁的月光映照着她们曼妙的舞姿（见图5-1），欢乐的孩子们不时随着旋律加入跳舞队伍中。月、歌、舞的交融，构成了一幅生动的傣家舞蹈图。

图5-1 马棒寨村民的集体舞蹈

一、马棒寨舞蹈队的现状

(一)舞蹈队的参与情况

乡村文化振兴需要大力弘扬社会主义先进文化,倡导文明新风,既深挖传统文化中的精髓以活用于当代,又充分发挥新"乡村能人"的带动作用以活化和培植新型文化。大学肩负着文化传承与保护的重要使命,更应当在乡村文化振兴工作中发挥自身的优势,推进乡村地区以文化建设和发展为契机,创新发展模式。

西南大学文化帮扶团队在对湾甸乡的文化挖掘过程中,感受最深的是傣族以舞蹈为媒介的休闲文化生活。在田野调查中,我们认识到,休闲娱乐是湾甸人一种快乐的生活方式。他们把善歌善舞的民族文化基因,融入生产生活中,发挥了民族文化的传播价值和文化传承的教育功能,对进一步推进乡风文明建设,形塑村寨向善向上的精神风貌有重要的意义。

在湾甸,村村都有舞蹈队。舞蹈队既有固定的成员,又有不同的活动方式。从文化挖掘的角度来看,他们既是民族舞蹈艺术的传播主体,又是民族舞蹈艺术的审美主体。从文化振兴的角度来看,发展群众文化团体,可以助力公共文化服务发展,通过民族传统文化的浸润,促进文明新风的形成。从村寨特色发展的角度来看,温情洒脱的民族舞,可以促进民族团结进步宣传,展示居民生活新变化,提振村寨团结、奋进和奔向共同富裕的精气神,助力湾甸傣族乡民族传统文化的发展和经济社会的发展。

马棒寨舞蹈队是当地有代表性的一支舞蹈队,其筹备与成立经历了漫长的过程,在成立过程中,受到的最大阻碍就是场地问题。

2010年以前,几个傣族村寨过节都是各过各的,即使跳舞也没有那么热闹。2010年开始,几个傣族村寨过节都集中到乡镇上的祥和广场来,那儿中间有一个非常大的喷泉池,可以满足泼水节举办的基本需求。在重大节日里,大家白天跳摆,晚上开晚会,非常热闹。跳舞场地就定在现在的乡镇口的小卖部门口,那儿是一个三岔路口,场地虽然不大,但是足够二十余人活动,晚上也不会太占用道路。但活动场地离一些住户比较近,音乐声音太大了会影响村民休息,所以平时活动开展得断断续续的。①

从我们的调查结果来看,村民对公共文化服务的需求很高,但是目前的基础设施建设还无法跟上村民的需求,大部分情况下,村民只能自己创造条件跳舞。即使是这样,乐观知足的他们也非常开心,对舞蹈队的活动极为认同和支持。每逢各种节日之时,都能看到这样欢乐的场景:马棒寨的村民们身着节日盛装;帅小伙们欢喜地敲着铓锣或象脚鼓;和着节奏,舞蹈队和村民们自然地聚拢形成一个向心圆,很自信优美地在跟着音乐节拍起舞。跳舞是当地傣族人民表达美好愿望和幸福生活的方式之一。

这些能表达丰富情感的舞蹈,既能自娱自乐,又极具表演性特征,还具有仪式性意义,所以传播面、流行面广,也深受村民们喜爱。当地盛行嘎光舞,人们自发地组织起很多嘎光舞蹈队。马棒寨舞蹈队的发展经历了三个阶段。第一个阶段是2010年以前,基本处于自娱自乐阶段,人数不多,主要是采用老式音响播放,参加跳舞的人只能跳几种基本舞蹈。第二个阶段是2010年至2016年,2010年在祥和广场上举办了盛大的泼水节,湾甸各寨子都参与了表演,马棒寨舞蹈队快速成形并首次表演了传统跳摆。随后,舞蹈队在人员数量上,在舞蹈的专业编排上,在音乐的多样选择上都发展至一个新阶段,其标志性的舞蹈是《花样嘎光》。第三个阶段是2016年后,人员数量增多,队伍年轻化,娱乐表演常态化,舞蹈节目编排系列化,活动场地多元化,在2017—2018年发展虽有些停滞,但很快得到恢复。这个在组建之初主要靠爱好凝聚而成的舞蹈团队,目前已发展完善为服务社区、丰富当地精神生活的多功能性组织。

2010年,从文工团出来的马棒寨村民万某开始为舞蹈队编舞。有了万某的加入,舞蹈队变化很大,在泼水节文艺会演上跳的《花样嘎光》大受好评,队员们也增强了信心。2016年,马棒寨佛寺翻修后要办一个庆祝仪式,舞蹈队众人精心编排,呈献了一场非常精彩的舞蹈演出,队员数量也达到一个高峰……2018年后,从寨门附近到马棒山广场,村寨美丽的夜色中,又出现了舞蹈队员们的舞姿。②

---

① 根据马棒寨舞蹈队的队员口述资料整理。
② 根据团队成员对马棒寨村民金某的访谈资料整理。

发展到今天，马棒寨舞蹈队的成员们个个都是舞蹈"小编导"，个个都是抖音平台的"小网红"。除了每天晚间聚拢起来练舞，平时还要代表村寨参加公共文化活动的各种文艺会演，在县乡重大的年节活动上展示村寨的风采，有时还要参加嘎光比赛。舞蹈队自发地添置了多款生活和演出一体的服装，有了一系列代表性舞蹈曲目。为了加强交流，还建了微信"打歌群"，既分享各种信息，又扩大了对外知名度。

访谈中不时被提及的领舞者，是一位万姓舞者，因为家庭原因现已迁居上海，提起她在舞蹈队的时候，大家都会有许多快乐的回忆。一支成功的舞蹈队离不开对舞蹈充满热爱的牵头者的组织和带领，也离不开队员们的坚守、爱护和创新。马棒寨舞蹈队早期就能自己编舞，演出形式新颖，主题鲜明，对村寨的经济发展和民族团结进步成果做了大量的宣传。其中万某这个领舞者的付出最多，她最早为大家提供了影碟机，买最新的光盘来对照练习，不断思考如何编出舞姿、队形新颖的舞蹈，通过舞蹈提高大家对民族传统文化的认知度。舞蹈队通过传帮带，形成了稳固的发展根基，人人都是展现舞蹈队风采的一面旗帜，人人都是宣传民族舞蹈文化的一扇窗户。

舞蹈队作为一个有机整体，也有着极具包容性的社团文化。一是重在自愿参与和坚持。参与的村民说："我们跳舞讲爱好、担当呢！不论是平时还是参赛都以自愿为先，互相理解，大家都爱这个队伍。"舞蹈队没有严格意义上的管理者，但是分工与组织做得井井有条。二是强调精神风貌。舞蹈队着装统一，表演活泼认真，形成了团结互助的合作关系。三是不断的锻炼与提升。舞蹈队在内部训练的同时，也多样化地对本村和外村村民进行了舞蹈培训，从民族舞蹈这个角度出发，助力乡村文化振兴。这种舞蹈团体具有较为松散的组织结构和充满弹性的自组织边界，在融入公共文化服务体系并给予成员充分选择自由的同时，也给予了队员舒适的培养空间，有利于广纳人才、团结队伍。不过，组织规范的缺失不利于高水平社团的打造，比如可能因为无人组织而错失团队实战的契机。

现在马棒舞蹈队里担任领舞的队员杨某说："我们练舞都是晚上，因为白天一般都有活儿做，晚上才有时间聚拢，所以晚上跳合适，白天只有正式表演才去跳。"①

马棒寨村民金某说:"最先跳的是我媳妇和几个女的,她们最爱跳舞了。后来影响的人越来越多,有好几个跳舞的都是汉族村嫁过来的,她们回老家寨子后还会教其他人跳,现在湾甸的其他寨子都给带起来了,越跳越好。"②

目前舞蹈队成员从20岁到50岁都有,骨干成员年龄集中分布在25—35岁。我们从跟踪访谈中得知,大多数成员平时从事农业生产活动,有的在镇上还经营着风味餐厅,有的返乡创业经营着农业生产资料商店,有的在家开网上直播,销售本地热带水果。虽然跳舞只是空闲时间才做的事,但是她们都对此充满热爱,对舞蹈队这个集体也全力支持。

舞蹈队队员的行动力和美誉度提升了马棒寨村民对民族舞蹈的全面认知。老人们认为舞蹈队让村寨热闹了,更有活力了。小孩子认为他们感受到了舞蹈带给他们的快乐,也通过舞蹈感受到自身精气神的变化:

孩子们对舞蹈的认识比我们好,他们都知道舞蹈是傣族文化的核心要素,是民族文化的重要组成部分。他们很多人看几遍就学会了,确实有舞蹈的天分。他们还常和大人们一起录制抖音视频,传播民族文化。他们在舞蹈队队列中自信大方,有模有样地跟随着我们学习舞姿,这也是一种言传身教吧!只要音乐一响,他们的步态、身形,在队伍中也是一道别样的风景。③

在实地调研中,有两个小女孩给人印象特别深刻。一个是5岁的银思雨,每天在家里,她奶奶打开抖音视频让她跟着学跳舞,她奶奶以前特别会跳舞,应该对她喜欢舞蹈产生了很大的影响。跟着新媒体学久了,她还经常提出自己对舞蹈的看法,对舞蹈服饰也有自己的主张,这些都让她奶奶对她刮目相看。另一个是7岁多的金子悦,我们在每一个舞蹈的场景中都能够见到她俏丽的样子,在舞蹈场上,她显得非常自在,一点儿也不紧张,充分享受舞蹈带给她的快乐,绽放自己的魅力。

---

① 根据团队成员对马棒寨舞蹈队队员杨某的访谈资料整理。
② 根据团队成员对马棒寨村民金某的访谈资料整理。
③ 根据团队成员对马棒寨村民金某的访谈资料整理。

舞蹈队为了更好地团结队伍,还建立了一个依托于"云端"的网上舞蹈组织。这样线上线下的互动更频繁和高效了。通过舞蹈这个媒介,舞蹈队认识了不同寨子不同民族的很多朋友。只要开展活动,大家便踊跃参与,无论在哪里,总有人出来组织,出来培训,服装制作等烦琐的事情也会有人主动承担。舞蹈队采用了很多创新的想法和做法,反复操练,其跳的舞蹈除了有傣族舞蹈,也有汉族舞蹈,表演中大家团结互助,深度交融。

虽然一些老妈妈平时跳舞不多,但是她们是舞蹈队的"铁杆粉丝"。家里的一些老照片显露出了她们年轻时的舞蹈表演风采,每当拿出照片向人展示时,她们总会表现出一种对当年自己风采的满意与自豪,她们有说不完的舞蹈故事,诉不完的舞蹈情。在节日中的舞蹈大场合,老妈妈们会自动加入队列跳舞。她们总是抬头挺胸,悠然自如,她们对民族舞蹈的自信表达源于对美好生活和幸福未来的期盼。

(二)舞蹈队的活动形式

舞蹈队的活动根据目的不同,主要有三种形式。

第一种最为常见,是以锻炼和休闲为目标的自发活动,农闲时候最为集中。一到晚上,寨子中心小卖部前面的空地上就热闹起来,因为舞蹈队的活动,这里自然成了村寨的一个重要的"公共音乐叙事空间"。村民们一是来跳跳舞,放松一下,无论什么舞曲,怎么跳都是轻松愉快的;二是可以聚在一起聊天,加深邻里间的交流和情感。音乐和舞蹈,让每天奔走各方的人们再次聚在一起,整个社区透出股饱满的精气神。

第二种是各种比赛和节庆活动。舞蹈队通过参与这些活动,展示了当地的精神风貌、风俗习惯,也体现了村寨对民族文化的态度,展现了当地乡村文化振兴的扎实基础。在参与的过程中,舞蹈队也得到了规范化的发展。通过资源的积累创新、与时俱进的舞蹈编排、民族服饰符号化特征的表达,舞蹈队频频在党和政府主办的赛事上获奖,在系列节庆活动中成为关注的焦点。其展现的民族文化的魅力,让人印象深刻,村寨文化发展的可持续性也得以显现。

第三种是商业表演。服务基层经济发展和乡村振兴是其表演的主旋律。舞蹈队为旅游业服务,为商业机构服务的内容逐年增多,其提供的乡村文化振兴方面的公共文化产品也变得极其丰富,这种服务推动了民族文化的保护和利用,也为当地民族文化的传播培养了大量的人才。

农资品牌"菜院长"对舞蹈队最认可,其老板就是寨子里的人,很支持本地的文化发展,他最近又开了一家门店,专门请舞蹈队去帮他做宣传。①

二、舞蹈背后的文化意蕴

从舞蹈音乐的选择,可以看出明显的文化融合现象。当前舞蹈队的舞蹈可以分为三类:第一类是打歌,主要用汉族音乐;第二类是跳摆,这是最为传统正宗的傣族舞蹈,只有在过节的时候才跳,一般是女的围成一个圈跳,男的用象脚鼓打节奏;第三类就是常规舞蹈,在队形上没有那么多限制,大家就站成一排一排的,跟着领舞跳,选的音乐则多为傣族音乐。不管是哪个民族的音乐,来自不同民族的人们虽然文化背景和风俗习惯有所差异,但都能从中感受到快乐,民族的文化界限被音乐消于无形。

从舞蹈动作来看,傣族舞蹈也受到了其他民族舞蹈文化的影响,比如打歌和常规舞蹈动作就呈现出以傣族舞蹈动作为主,融合一些汉族舞蹈元素的特点。村民杨某曾如数家珍般给调查人员细数了他们跳过的一些傣族舞蹈:

2016年马棒佛寺进行了翻修,在庆祝活动上我们跳了傣族舞《看了你一眼》……一般我们在广场上跳的傣族舞,配的是一些流行音乐,比如《月亮》《小小新娘花》《缅桂花开》。我们跳的正宗的傣族舞有《嘎秧舞》《耿马泼水舞曲》《相聚傣历新年》《西双版纳等你来》。当然有时候只跳一类舞有点儿枯燥,我们也会跳汉族的广场舞,比如说《美美哒》《心爱的卓玛》《一晃就老了》等等。一开始的时候我们就是打歌,有一段时间跳广场舞很流行,我们就跟着跳起了广场舞,就(为了)开心嘛。遇到一些大型的节日,需要排练节目的时候,我们就把以前学过的拿来练练,有时候排排新的节目,动员寨子里的年轻人都来参加,有些汉族人家也会来,和寨子里

①根据团队成员对马棒寨舞蹈队的调查资料整理。

的(傣族)人一起跳舞。①

对于舞蹈队成员来说,一年中也就七月到八月中旬前(农闲时间)稍显轻松。到了八月中旬,就到了种蔬菜培苗的重要时间点,基本上天天都是早出晚归,一整天都要在田间劳作,非常辛苦。跳舞是很多当地人的一种兴趣爱好,一种休闲娱乐方式,也是一种重要的精神生活补充,在农忙的时候能为人们解乏,缓解心理压力,调节情绪。这体现了傣族村民对生活的热爱和对民族文化的归属感,更是有形、有效地铸牢中华民族共同体意识在云南傣乡的生动实践。

三、活化乡村文化资源的创新路径

西南大学文化帮扶团队赴湾甸乡开展田野调查的一个月时间里,团队深入了解了当地村民的生活方式,通过技术支持、文化宣传、组织帮扶等多种方式,推进马棒寨舞蹈队逐渐向制度化、规范化发展,为后期进一步打造民族文化品牌,传承傣族民族文化奠定了良好基础。

(一)提供信息技术支持,拓展文化发展维度

便捷先进的技术渗透在生活的各个方面。对当地村民影响最大、他们感受最深的还是跟生活息息相关的内容。帮扶团队为马棒寨舞蹈队提供了充分的技术支持,并通过相应的技术指导,提高其对当前新技术的认知、了解和运用水平。比如,在2020年的采花节上,团队为马棒寨舞蹈队提供了舞蹈音乐选择、剪辑与合成方面的专业化技术指导。

舞蹈队成员高某说:"以前我们排舞蹈,只知道跟着音乐跳一跳,选择曲目,就是到网上(寻找)或者到店子里买一些光碟,就现成的(东西)跟着学跟着跳。不过有的太难了,(我们)学不来,也不知道怎么办。现在好了,我们知道了不会的还可以剪辑掉,就跟完整的一样。有时候我们队员在抖音上面看到了好的音乐(视频),下载不下来,不知道怎么办,现在你们讲了办法,我们知道怎么做了。"②

---

① 根据团队成员对马棒寨村民杨某的访谈资料整理。
② 根据团队成员对马棒寨舞蹈队的调查资料整理。

另外，文化帮扶团队也注重提升当地村民对现代技术的接受度和运用能力。在调研中我们发现，一部分村民对科技的包容度较低。当地的乡镇干部大多是科学技术的传播者和带头人，他们常手把手、面对面地向村民传授技术，但是这些技术往往不能被村民接受。通过对当地舞蹈队的技术支持，当地村民感受到了科学技术的便利性和实用性，对科技有了新的认识，这为后面科学技术在当地的普及打下了基础。

(二)突出民族文化符号特征，弘扬民族传统文化

当地村民受民族文化的影响，展现出了热情好客、敦厚质朴、乐观自信、崇尚自由等民族性格。这些性格特质也融入了以舞蹈为代表的文化活动中。文化帮扶团队积极推进当地以舞蹈为代表的文化活动的发展，通过打造马棒寨舞蹈队，为其他文化活动的组织树立了典型。在文化帮扶过程中，村民们树立起了中华民族共同体意识，实现了民族情感共振，凝聚了奋进力量。特别是年轻人群体，对民族传统文化的价值加深了认识，增强了民族自豪感、民族发展自信心。这一切都有利于民族文化在继承中得到发展，在发展中得到继承，保持旺盛的生命力。

(三)扶持民间文体队伍，打造特色文化品牌

湾甸傣乡舞蹈队的规范化发展鼓励了村寨其他文化活动组织的发展，比如当地以文化大院和文化室为依托，又成立了陀螺、秋千两个群众文体协会，相继组建了嘎光队、老体协(老年人体育协会)文艺表演队、打歌队等队伍。各团队定期集中训练，经常开展打歌、嘎光、操舞等健身活动。其中，嘎光队已成为本乡的文化品牌。在每年的泼水节，上甸村都积极组队参加嘎光比赛，并多次取得优异成绩，树立了村级文化品牌。

文化帮扶团队进一步制定了当地文化品牌的发展方案，给地区文化传承与休闲娱乐活动提供了更加全面的指导；并结合地方特色发展民族传统文化，创新文化产品的形式和内容。我们希望通过组织开展形式多样的文化活动和专题活动打造文化品牌，让村民感受到文化的传承价值，鼓励村民主动加入文化产品的创作中，将民族传统文化基因与现代农村生活相结合，将休闲娱乐同文化振兴相结合。

(四)建立长效组织机制,赋能乡村公共文化

乡村公共文化的形成与发展是一个漫长的过程,其对村民的影响与塑造表现出"润物细无声"的特点。文化振兴是一个在人们的思维习惯、价值观念、生活方式、传统习俗等方面进行文化创新和改造的系统工程,需要长效机制的保障和全社会的广泛参与。文化帮扶团队建议当地基层干部将乡村文化振兴内容纳入村寨规划建设管理体系,不断构建完善当地文化组织,促进其长期规范化、制度化发展。

湾甸地区乡村公共文化的需求侧与供给侧有自身的特点。一是文化和文化载体需求量大。不论是民族节日的习俗要求,还是当地人对自身文化的热爱,都使得他们需要多种多样的文化载体来满足自身不断增长的文化需求。二是文化供给能力不足。总体的文化供给配套资源较为匮乏,例如公共活动场地较少等限制了文化产业的发展。因此,在乡村公共文化供给与建设方面,可以联合更多社会组织、自组织力量;加大地方财政在农村文化建设中的投入,通过长效机制为当地村民提供知识技能、文化传承等方面的支持;加强文化基础设施的建设,营造农村良好的文化建设与宣传的氛围。要从需求侧与供给侧的契合上切实满足当地村民的文化需求,从而促进地方文化的建设与发展,解决好开发、发展与保护的问题,将文化发展与文化自信紧密结合起来。

第六章
扶志扶智：文化帮扶助力乡村教育

百年大计，教育为本。教育在经济社会发展和乡村人才振兴中发挥着基础性、先导性和全局性作用。依靠教育帮扶让民族地区的青少年掌握知识、转变观念、把握命运、造福社会，是保障乡村人才振兴最直接和根本的途径。大学具备学科、科技、智力和人才优势，与所帮扶县密切配合，可以形成定点帮扶、结对帮扶与重点突破相结合的特色路径。文化帮扶团队与湾甸乡的群众进行互动交流（见图6-1），紧密结合湾甸乡的教育需求，积极探索以实施高标准、精准化为主要特征的教育帮扶模式，以"为受援地区打造一支带不走的师资队伍"为核心目标，注重"输血"与"造血"结合，努力实现教育帮扶"立标杆、做示范"的推广效应，以"志智双扶"促进了湾甸乡的人才培养。

图6-1 文化帮扶团队成员与湾甸乡的孩子进行交流

一、教育帮扶:扶贫先扶智

"弱鸟可望先飞,至贫可能先富,但能否实现'先飞''先富',首先要看我们头脑里有无这种意识。"[①]教育是一个民族最根本的事业,是接着地气的温暖,是心系苍生的慈怀,是阻断贫困代际传递的根本之策。文化帮扶团队对口支援湾甸乡的基础教育,就是要激发孩子们用知识和技能改变命运的内生动力,刻苦学习文化知识,培植青年学生"先飞""先富"的意识。

(一)湾甸乡教育资源概况

为了切实有效地开展教育帮扶工作,文化帮扶团队对昌宁县湾甸地方教育资源进行了精细化调查,了解到湾甸乡优质教育资源匮乏的状况。

1.学前教育

幼儿园共有四个班型,分别是小小班(两岁半到三岁)、小班(三岁到四岁)、中班(四岁到五岁)、大班(五岁到六岁)。学费10元/天。另单独收取学生的集体活动费用。

2.小学教育

(1)帕旭·芒石寨小学。该小学设立于1975年,原校址是在帕旭·芒石寨村后山的空地处,当时仅有两个班,一个老师,最高年级为四年级。老师兼教语文、数学和政治。因为学校的房子是木结构的,又紧邻后山,受到泥石流等自然灾害的威胁,便被拆除了。20世纪90年代,为了解决孩子上学的问题,村里又建起一所小学,校址在村民赧春明家现在的地址,格局、面积都没有发生改变(小学位置示意图见图6-2)。在此处可以读到三年级,没有分班,只有一名老师,他主要教数学和语文课,偶尔也上音乐和美术课。当时,校门右边有一片菜地,老师会带着学生们种芋头和黄瓜。教室共有两间,一间供孩子们上课使用,一间用于孩子们休闲娱乐,放有电视;还有一间厨房。后来,学校迁移到街上,村里将学校原有土地以2万元的价格卖掉了。

---

① 人民日报评论部:《习近平讲故事》,人民出版社,2017年,第173页。

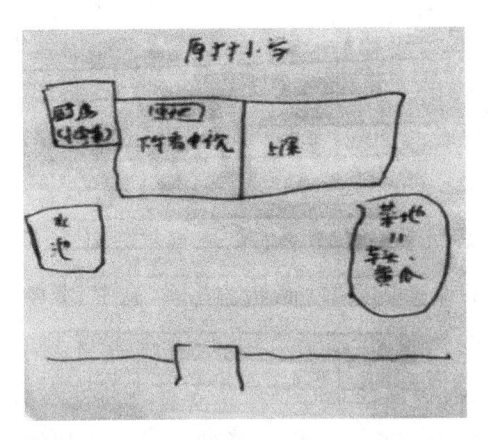

图6-2 20世纪90年代村小学位置示意图

(2)湾甸中心完小。该校是湾甸乡学生人数最多的小学。一个年级有3个班,每个班有30多个学生。全校有10多名教师,女教师所占比例高一些。设置有5门课程,分别是语文、数学、英语、科学、道德与法治。学校的课间操,2019年以前跳的是广场舞,从2019年开始变成了鬼步舞和打歌。学校共有3栋宿舍楼、1栋教学楼、1栋实验楼、1栋综合楼、1栋餐厅、1栋办公楼。教室里白板黑板都有,每一间教室都配有电脑,一、二年级用得多一些。学校还有橡胶跑道、篮球场、足球场和乒乓球桌等活动场地和设施。六年级的学生必须住校,但是洗澡很不方便,没有热水,学校只能每三天放住校的学生一次假,让他们回家洗澡。

3.中学教育

湾甸民族初级中学每个年级有5个班,按学习进度分为1个快班、4个普通班。每个班有50多人,全校师生人数接近1 000人。学校作息时间是早上7点到晚上10点。初中学生必须住校,一个星期可回家一次,其中初三学生两个星期才能回家一次。在设施方面,学校有男生、女生宿舍楼各3栋,1栋餐厅,1个礼堂,1栋实验楼,1栋教学楼,1栋办公楼。每间教室都有多媒体电脑、黑板、白板、空调。建有两个篮球场,跑道正在整修。

湾甸能上到高中甚至接受大学本科教育的学生甚少。

(二)村民对子女接受教育的态度

走访期间,文化帮扶团队发现湾甸村民对子女接受学校教育并不那么重视。一方面，虽然家长们"望子成龙""望女成凤"，但他们更多的是依从孩子们自己的选择。问到辍学学生的父母时，他们总会说："随他们！他们想怎样就怎样！我们都支持！"他们不会强制孩子一定要上完初中或者高中，他们认为子女能识字就足够了。所以当地的孩子很多都是读到初二就辍学了或是初中毕业后就不再读书了。另一方面，做父母的并不是很愿意对孩子的非义务教育（比如幼儿园、高中、大学）进行"投资"。虽然随着当地经济的发展，送孩子上学对一些家庭来说在经济上并不像以前那样难以承受，但村里还是存在较多不愿在子女教育上进行投资的家长。例如，帕旭·芒石寨有一个女孩子到了上幼儿园的年龄，她的父母并不将她送到幼儿园去接受教育，理由是没有钱，但我们从其他村民处了解到，她家并不是真的没有钱送孩子上幼儿园，只是不想让她上幼儿园而已。即使国家对义务教育实行了"两免一补"政策，湾甸乡仍然只有少数村民愿意送孩子去上小学、初中，非义务教育阶段的教育由于没有了义务教育阶段国家的优惠条件，他们便对教育成本、教育投入顾虑重重，更多以家庭经济状况为主要考虑因素。

湾甸傣族乡村民对于男孩与女孩接受教育的态度也存在差异，家长对辍学的男孩更包容一些。拿到初中毕业证的孩子，选择去职高或者外出务工，随意性较大。据了解，男孩不想读书的主要原因有：第一，想早点儿出来赚钱，因为对人生的认识不够，赚钱之心又很迫切，所以他们无法接受高中、大学这种长时间的学习；第二，觉得学习太苦太累，有些男孩去昌宁县上高中，待了十几天，就受不了高中紧张的学习生活，办理了退学；第三，认为高中、大学学习的知识没用，对他们以后的工作没有任何帮助，还不如直接去技校学一门技术。

在访谈中，文化帮扶团队成员跟村民说，读大学也可以选择实用性很强的专业，但他们听后，仍感觉比较迷茫。这是因为他们对于高中、大学教育的认知过于片面。

女孩子大多能够坚持读完高中，主要是为了逃避做农活。"只要你在上学，就可以不做农活。"因此，她们希望自己学上得越久越好。调研中，文化帮扶团队发现，湾甸乡大学毕业的女生从事的职业多为小学教师、幼师等,还有的选择从医。通过在外求学的经历,她们已经深刻地认识到教育的重要性。

(三)高校教育资源下乡援助

尽管义务教育阶段已全面实行"两免一补",在非义务教育阶段,学生家庭也只需要负担部分费用,但对经济条件不好的家庭而言,即便是少量的学费和生活费,也会给其带来不小的经济压力。高校对家庭困难学生的资助是帮助其完成学业的重要途径,高校教育资源下乡援助则是一条更广阔的乡村人才振兴之途。

为了贯彻落实党和国家关于教育帮扶的精神,为乡村人才振兴做出自己应有的贡献,2020年,西南大学在定点帮扶昌宁过程中,整合自身的优质教育资源,以"立师道、强师德、提师能、重师智"为目标,深入当地学校,为其培训教师,尽全力帮助昌宁县打造一支适应教育现代化要求的高素质、专业化创新型教师队伍。西南大学不仅帮助昌宁县制定了昌宁县"十四五"教育发展规划,还自筹经费120万元投入定点帮扶对象,并引进帮扶资金265万元,以支持当地乡村人才振兴。秉承让教育帮扶、教育均衡走得更远、更坚实的理念,西南大学牵头联系西南大学附属中学,为昌宁县第三中学、耈街民族中学、湾甸民族初级中学提供学习资源,西南大学附属中学、附属小学分别结对帮扶昌宁县第一中学和第一示范小学。根据当地县委县政府的要求,由西南大学基础教育投资管理有限公司协同,昌宁县对其第一中学实行"整体托管"的办学新模式,进一步提升当地学校办学水平。此外,为帮助留守儿童健康成长、助力昌宁基础教育发展,西南大学还向昌宁县卡斯初级中学、勐统镇中心完全小学、鸡飞乡邑等村完全小学捐赠了图书。西南大学文化帮扶团队在新城完小和邑等村完小开展"公益课堂"教学活动,为小朋友诵读经典,教他们舞蹈、戏曲、声乐表演等,教学活动内容丰富多彩。通过教育帮扶,既培养了当地学生的科技文化素质,使其能够掌握一技之长,提升就业创业能力,又使他们树立起自立自强的意识,鼓励他们通过接受教育改变自己和家庭的命运,从根本上消除上升通道受阻、贫困世代传递的现象。

二、定点帮扶：扶贫先扶志

在教育帮扶中，西南大学文化帮扶团队对定点家庭的学生进行全方位帮扶，将高校智力优势逐步转化为乡村人才振兴的重要资源，让被帮扶家庭的孩子与其他人一起共享人生出彩的机会、共享梦想成真的机会、共享同祖国和时代一起进步的机会。

（一）燃求知之心：马棒寨的金子悦

西南大学文化帮扶团队秉承"孩子本位，协同成长"的教育观念，以"非应试、本土化"为标准进行教育帮扶。文化帮扶团队认为，乡村教育绝不能简单地复制与追赶城市的教育，而是要探寻乡村社会独有的教育资源，发展出一种既立足本土又面向未来的新型乡村教育模式，从根本上激发乡村孩子对知识的渴望和对远方的憧憬。

【案例一】马棒寨7岁的金子悦小朋友，常年和外婆、外公、姐姐住在一起。姐姐万晓萱11岁，读五年级。姐妹两人空闲时间多是在手机上刷短视频、玩游戏。外婆虽然会因此教育姐妹两人，但外婆的教育并未引起两人的重视，于是我们就借着吃饭的机会和她们聊起了天。我们问她们有没有出去玩过，她们说去过云南的一些地方，云南的其他地方已经是她们去到的最远的地方了。我们给她们看我们在全国各地旅游的照片，她们都很向往。在她们翻看照片时，我们发现她们的眼睛里有光，那是羡慕与渴望了解外面世界的光。我们于是借机跟她们说，想要去看更大更美好的世界，只能通过自身努力学习去争取。

除了教育上的帮扶，我们在物质上也对金子悦家进行了一点儿援助，文化帮扶团队将500元钱交到金子悦外婆的手中。外婆一再谢绝，最终明白了我们的用意后才心怀感激地收下了。我们离开她家后，她外婆连夜为我们缝制了傣族传统背包以表感谢。后来，我们了解到，经过我们的教育，姐妹两人已经发生了一定的改变，会很自觉地主动学习。我们认为，这才是帮扶的根本意义，教育帮扶不仅要给孩子们创造学习的条件，更要培养孩子们的求知欲，让孩子们树立远大的理想和抱负。

(二)立升学之志:帕旭寨的刀慧珍

西南大学文化帮扶团队在对昌宁县湾甸乡的定点帮扶过程中,为当地学生提供经费资助,以此减轻经济困难家庭的教育支出压力,防止因学致贫或返贫现象出现。经费资助能够有效解决经济困难家庭子女上学的学费问题,解除其后顾之忧,提升其升学信心,避免他们因为经济困难而失学、辍学,是控辍保学、助力乡村人才振兴的重要举措。

【案例二】西南大学文化帮扶团队在帕旭·芒石寨调研时认识了一名即将进入高三的女学生刀慧珍(见图6-3)。她见到文化帮扶团队的大学生志愿者很高兴,说能在他们村见到大学生是一件非常令人激动的事情,她也非常愿意与大学生们接触。刀慧珍是个开朗大方的小女孩,说起自己学校的老师和同学们,就像打开了话匣子,滔滔不绝。聊起学生生活,大学生们和她有很多共同语言,交流起来十分舒服。

下午,刀慧珍坐在她家客厅门口左边的学习桌前学习,她的父母都在院子里休息。我们见她在专心抄写英语单词,不便打扰,就在院子里跟她妈妈聊天。我们跟刀妈妈说,我们特意给慧珍拉了一个群,以后她在学习或生活上有任何问题,都可以在群里直接问我们,我们有专门负责语文、英语和数理化的同学,大家都会尽力辅导慧珍的。刀妈妈听了很感动,说很感谢我们能帮助慧珍,希望女儿不懂的多问问我们。

图6-3 西南大学文化帮扶团队成员与刀家人合影

文化帮扶团队在了解了刀慧珍所有科目的学习情况(见图6-4)后,分别从平时分数、欠缺板块这两方面入手进行分析:慧珍现在的分数在一本边缘徘徊,成绩在全县位列100—200名,昌宁县每年能上一本的学生成绩排名大约在全县的前170名;慧珍的弱势科目是物理,其中劣势板块是电磁学运动综合和机械能守恒,她的成绩还有较大的提升空间。文化帮扶团队也把分析情况全部告诉了慧珍,让她能在高三这一年中学习有目标、有侧重。

科目	欠缺板块或题型
语文(105分左右)	主观题
数学(100分左右)	排列组合 解析几何
英语(110—120分)	改错 完型 写作
物理(30—40分)	电磁学运动综合 机械能守恒
化学(65—75分)	工业流程 除杂分析问题
生物(80—90分)	自由组合定律 自由分离定律 减数分裂

图6-4 文化帮扶团队对刀慧珍的科目学习情况分析

除了在学习上进行指导,文化帮扶团队还给慧珍提供了生活补助费,一个学期500元,直到她大学毕业。开学前一天,文化帮扶团队将一个学期的生活补助费交到了慧珍母亲的手上,说明这是团队的一点儿心意,希望在生活方面能给予慧珍一定的帮助。刀妈妈很惊讶,在了解原委之后满怀感激地收下了。同时,团队成员现身说法,以自己的亲身经历去开导慧珍,叮嘱她一定要抓紧高中的最后一年,努力拼搏,考上一个好大学。

"扶志""扶智"与扶贫相结合,成为脱贫攻坚的治本良方和阻断贫困代际传递的治本之策。文化帮扶团队运用各种方法帮扶贫困学生,不仅使他们能够顺利完成学业,更重要的是能让他们受到良好的教育,提升就业创业能力、自我发展能力。

三、结对帮扶:学生传帮带

教育帮扶不只是教育资源的单向输送,更需要帮扶方和受助方之间的双向互动。因此,西南大学师生或集体组织与被帮扶的学生、家庭之间结成对子,采用"一对一""多对一""一对多"的互助模式,全面帮助、鼓励和支持青年学生提高综合素养,启迪他们树立远大理想,促进教育帮扶效果的有效提升,从而促进昌宁县的教育发展。

(一)筑职教之梦:马棒寨的杨景云

在结对帮扶傣族学生的过程中,总是能听到他们的父母说这样一句话:"有什么不懂的地方,就赶快问哥哥姐姐。以后也要多读书。"在当地有很多学生因为各种各样的原因放弃学业,文化帮扶团队资助傣族学生的行动使得那些因贫退学却又渴望读书的孩子看到了上学的希望。我们也希望我们深入傣族学生家中进行资助与交流的行为,能使更多傣族孩子明白读书的重要性,明白只有接受更多的教育,眼界才能更加开阔,并在受教育的过程中不断提升自己。

【案例三】杨景云(见图6-5)是一位上小学六年级的男生,在跟文化帮扶团队的哥哥姐姐们分享了一些他在学校的趣事之后,他说了他以后的打算:计划以后去学修车。因为他对这个很感兴趣,平时家里的车出问题时,他想上手(修车),但他父母担心他受伤,不让他碰,他只能站在一旁看。他也比较喜欢看和车相关的图书、视频。我们跟他说,学好修车技术,也有助于找工作,养活自己和家人,在社会中立足,鼓励他不要放弃自己的喜好与志向。

图6-5　杨景云正在写作业

我们希望通过对傣族学生的教育资助,增强村寨里学生对受教育重要性的认识,让他们了解到教育可以影响和改变人的精神世界。在结对帮扶中,文化帮扶团队不仅为当地部分学生提供了教育经费资助,还丰富了他们的精神世界。我们引导村民家长及学生加大对职业教育的关注,让他们了解到通过接受职业教育和技能培训,可以吃上"技能饭",职业教育可以让孩子习得谋生技术,顺利就业。事实上,教育可以使青年学生日后成为能工巧匠、文化能人、脱贫致富带头人,成为贫困地区产业发展的人力资源保障和专业技术支撑,起到有力助推贫困地区产业发展的作用。

(二)扎成材之根:帕旭寨的刀富明

文化帮扶团队在资助傣族学生时,并不只是对傣族学生进行经济上的帮助,还更注重培养他们"达则兼善天下"的胸怀和回馈社会的意识,让他们感受到社会对他们的关心与帮助,并将这份关心与帮助传递下去,帮助更多需要帮助的人。在开展帮扶工作时,我们深入受助家庭,详细了解其经济状况、学生生活和思想情况,引导受助学生树立远大的志向与目标,摆脱"精神的贫穷"与"志向的贫穷",在他们心中播下梦想的种子。

【案例四】第一次去到初二学生刀富明家的时候,他正坐在凳子上专心打游戏。当我们问起他的学习及对将来的打算时,他表示想去职业学校学一门技术,他说他的大多数同学都有这个想法。然而对上哪所职业学校、具体学哪一门技术,他不甚明了,他说自己并没有具体的想法,有一种走一步看一步的感觉。文化帮扶团队的队员们针对刀富明的苦恼与迷茫,根据自己的切身经历和经验,给了他一些建议,这些建议既包括具体的学科课程的学习,也包括专业的规划及树立远大志向等内容。

文化帮扶团队一方面通过资金帮助湾甸乡学生,另一方面更注重潜移默化地引导他们涵养道德品质,提升自身的综合素质尤其是科学文化素质,习得劳动技能,从而使他们树立对生活的信心。单纯的输血式教育帮扶并不能彻底消除贫困,只有让贫困人口接受高质量的教育,保护好他们受教育的权利,才能真正彻底斩断穷根。我们认为,家庭、学校和社会教育等主体要相互协调,共同培养孩子成材,才能拔除贫困之根,从根本上解决贫困的代际传递问题。

(三)育反哺之情:马棒寨的刀永秀

我们对湾甸傣族乡的资助带有对儿童生命成长的关注和对教育本质的探索,不是让乡村中的孩子"逃离乡村"进而"追赶城市",而是希望孩子们能受到根植于本土文化的教育,感受与城市教育"不一样的风景"。我们更希望以一种人文关怀的视角,打破不同领域之间的隔阂,在各个学科、各个领域建立起一种拥有共同使命的跨界协作网络,协同当地政府的力量,在乡镇内部形成公益性的支持模式。此外,我们以民族传统文化的保护与发展为导向,引导青年学生成为"有根之人",怀揣感恩之心,为其反哺家庭、回馈家乡奠定坚实的基础。

【案例五】今天我们在寨子中认识了一位保山学院大四年级的女学生刀永秀。我们和她聊起毕业之后的想法,她希望可以留在保山或者去昆明的公司工作。我们了解到她的本科专业是学前教育,便建议她参加教师公招,或者选择进入幼儿园任教,以更好地让自身所学知识服务于社会。听了我们的建议,她也坦言,自己并不想离开家乡太远,乐于回到湾甸从事学前教育工作,甚至梦想有一天自己创办幼儿园,为村里的小朋友提供一个自由、愉快成长的空间。

习近平指出,教育公平是社会公平的重要基础,要不断促进教育发展成果更多更公平惠及全体人民。①教育帮扶,就是要在一定程度上解决优质教育资源在城乡之间、东部与中西部地区之间分布不均衡的问题,促进教育公平。文化帮扶团队在对湾甸乡的帮扶工作中,着力提高学生的思想道德素质和科学文化素养,在促进教育公平的过程中帮助孩子们全面发展,使湾甸乡的学生都能享受优质的教育资源,获得有助于他们致富的劳动技能,从而帮助当地实现人才振兴,形成"归雁"反哺家乡拔"穷根"态势,走向共同富裕的幸福之路。

---

① 中共中央文献研究室:《习近平关于社会主义社会建设论述摘编》,中央文献出版社,2017年,第58页。

第七章
塑文明乡风:文化帮扶凝心聚力

"家"是每个中国人的"根"。中华民族在历史长河中形成了丰富的家文化资源,它为新时代乡风文明培塑提供了重要滋养。弘扬地方优秀的家文化,传承和睦向善的邻里关系,培育文明和谐的民风,是营造乡村新风尚的精髓,也是农村精神文明建设的重点,更是乡村振兴不可或缺的组成部分。

湾甸傣乡的夏日骄阳炎炎、蝉鸣声声,村寨中,我们忙着给各家庭照全家福。老人们站在庭院正中,孙辈们带着幸福的微笑倚在老人的身旁,夫妻两人一左一右站在两侧,妻子不时勾着头提醒丈夫整理衣襟,一家人充满温馨祥和之情。"来来来,看镜头!"大家一齐看向镜头。咔嚓!咔嚓!就此定格下一张张其乐融融的全家福(见图7-1)。我们希望为湾甸傣族乡增添一抹温情,激发人们的家国情怀与共建美好生活的信念。

图7-1 全家福照片之一

一、同根相生的亲缘：湾甸傣乡的家庭观念

从中国传统大家庭到现代家庭的变迁是历史的必然，也使得人们更加追求个体价值，但是家庭始终是维系亲属、宗族与血缘关系的纽带。湾甸乡傣族社会是由众多独立家庭构建而成的，通过婚姻缔结，两个家庭以及各自家庭所处的集体建立了亲缘上的联系，也成为个人融入乡村社会、产生家庭互动、进行人际交往的基础。对于一个村庄的发展而言，一个个家庭就是村庄发展的活力单元，在更广泛的社会中，家庭的形成和家族观念也是社会关系连接的支点。

湾甸傣乡的日常生活中交杂着传统习俗与现代观念。按马棒寨的传统，缔结婚姻要依"父母之命"。父母在为女儿挑选丈夫时，一个重要条件就是男方家要和自己家距离比较近，便于父母照顾女儿，免得女儿嫁远了受男方的欺负，而自己却无能为力。随着社会经济的发展，交通条件的改善，村寨的人们有了更多的机会与外面的人和世界接触，人们的择偶方式、择偶标准、对结婚和离婚的态度也逐渐发生了改变，越来越多的人向往自由恋爱的婚姻，马棒寨的通婚范围也从本寨渐渐扩大到周边乡镇，甚至是其他省市。

一对青年男女结婚后，也意味着要从原来的"大家族"中分离出来，建立属于自己的"小家庭"。湾甸乡有一种"分家"的习俗，有多个子女的家庭，父母会在其中一个或者几个子女结婚生子之后主持分家。分家主要是分土地，父母会根据家庭的实际情况，把家里的土地分给每一个孩子。子女分出去后，自己另外盖房子居住，每个小家庭各自经营自己分得的土地。大部分情况下，父母在分家之后是跟着小儿子住，因此，小儿子就不用再出去重新建房子了。分家的习俗使当地的家庭结构受到了影响。

万姓村民告诉我们，因为分了家，所以自己和老伴儿跟小儿子住在一起。大儿子分出去了，有自己的小家庭，一家三口单独过。为了拍全家福，万姓村民特地从小儿子家过来，跟大儿子一家人一起拍照。[①]

湾甸乡的村寨基本上都有分家的习俗，如前所述，通常情况下，老人

---

① 根据团队成员对马棒寨万姓村民的访谈资料整理。

们都是跟着自己的小儿子住,但小儿子当上门女婿到其他家或者其他村寨时,老人会选择跟大儿子住。因此,村寨里存在着三种家庭结构类型。一种是核心家庭,即由父母及其未婚子女共同组成的家庭,一户家庭通常有三四个人,即父母和1—2个子女。另一种是主干家庭,由父母与一个已婚子女以及该子女的配偶、孩子组成,一户家庭中通常有4—7人,这是马棒寨最为普遍的家庭结构。不同的主干家庭在人数上有所不同,除了因为各家庭生育子女的数量不同之外,还有父母中的一位离世的原因。还有一种是联合家庭,由父母与两个及以上子女以及子女的配偶与孩子组成。

在日常生活中,湾甸乡的主干家庭仍然与自然血亲家庭保持着最密切的关系。比如帕姓村民(排行老三)在摘玉米换工时,就选择自己的二哥、四弟作为换工的对象。兄弟三人的换工过程体现了紧密的血缘关系。

湾甸傣乡的乡民们保留着"兄弟姐妹是同根相生"的家族观念,这一观念不仅深深蕴藏于每个村民的内心,而且因其独特的祭祀仪式等风俗而不断被强化。祠堂、祖宗牌位是家族的象征,各个家庭会定期举行祭祀祖先的活动,仪式化的祭祀活动不断深化着村民对于家族的认同。这种家族认同对傣乡村寨中分家后的家庭具有重要的秩序管理功能,可以说,它使家族成员间建立起了一种强烈的信念,维系着家族的荣耀,培育着家族成员光宗耀祖、家和万事兴等观念,对家族成员具有约束与激励作用,还能使他们在利益竞争关系和矛盾协调中保持自我克制。更为重要的是,村民都清楚地认识到,家庭是亲人们共同的生活场所,家庭成员是一个荣辱与共的集体。湾甸傣乡的家庭观念中所蕴含的淳朴的共同体意识,是全国民族团结进步示范乡弘扬中华民族传统美德,培育中华民族精神的缩影。

二、"两边在"的凝聚:湾甸傣家的生活形式

改革开放以来,随着经济文化交流的增多,人们的思想观念也渐渐发生了转变,越来越多的人向往家乡以外的世界,想到外面的世界去闯闯。

交通条件的改善为人们的出行提供了方便。为了过上更好的生活,湾甸乡很多年轻人甚至是中年人都选择了外出打工以贴补家用,他们中的大部分人去到外省,打工地点和自己的家乡相隔甚远,很多人每年只能在逢年过节时才回来一次,与家人们团聚。这使得湾甸傣乡原本的家庭结构受到诸多不稳定因素的影响。家庭成员流失、家庭教育功能减弱等诸多现象成为比较普遍的问题。

"两边在"是近几年来在湾甸傣乡村寨中兴起的一种新的婚姻形式,意思是男女结婚之后既不在女方这边安家,也不在男方那边安家,而是两边跑、"两边在"。现在,帕旭·芒石寨的两个村有6户"两边在"家庭,夫妻年龄都只有二十来岁。"两边在"家庭的出现,原因之一是受计划生育政策的影响,很多家庭都只有一个或两个孩子。谈婚论嫁的时候,如果双方都是独生子女,或者双方家里有两个孩子,但各家都有一个做了上门女婿(或者是嫁出去了),这样两家都想将孩子留在自己身边,那双方就可能会采取折中的办法,即"两边在"。比如村中一户人家有两个女儿,姐姐已经嫁出去了,那么妹妹结婚的时候,父母就倾向于招"上门"的女婿或者是让妹妹"两边在"。而妹妹的未婚夫因为自己的妹妹还很小,无法负担起养家、照顾老人的重任,所以他也只能选择娶进媳妇或者"两边在"。"两边在"的夫妻在结婚之后,想在哪边住就在哪边住,至于什么时候去哪边,去了之后住多久,都是由夫妻俩自己决定。一般按照婚前和双方父母的约定,就是哪边农忙了就去哪边做事,哪边父母需要照顾了就多去哪边。"两边在"的夫妻,既要帮助家里做农活,也要保证对父母的赡养。

在马棒寨调查时,我们发现这里近几年也悄然出现了一些"两边在"的家庭,目前马棒寨"两边在"家庭一共有7户。基本上都是因为男女双方家里都只有一个儿子或一个女儿,如果女儿嫁出去了,或者儿子上门到女方家,就会出现一方家里的老人无人照顾的情况。在这种情况下,夫妻俩通常会选择"两边在"的家庭模式,到双方家里各住一段时间。

"两边在"的家庭,选择在哪边住的原因是多种多样的,如:为了方便务工,至某一方父母家休假,农忙时去某一方家中帮工,探亲访友,等等。在双方家里居住时间的长短一般依夫妻俩的个人意愿和工作性质决定。

如果二人是做蔬菜生意的,在靠近蔬菜产地的家中居住的时间就会长一些,因为要收购蔬菜到外地去卖;如果二人从事的是种植业,就会在需要种地的家中居住久一些。马棒寨有一位刘姓村民,她丈夫是下甸的,婚后选择了"两边在",由于她刚生了孩子没几个月,所以她趁着农闲的时候回到自己的父母家住,让母亲帮忙带孩子,等到农闲结束,她就会回到丈夫的父母家住。值得注意的是,"两边在"是随经济社会的迅速发展和一地定居的观念逐渐被打破,青年男女特别是双独子女在结婚成家以后,必须兼顾双方老人而形成的一种新的家庭居住模式,在青年夫妻经济尚未富足到可以将双方父母接到自己的小家庭中赡养时,"两边在"就成为他们唯一可选择的模式。

"两边在"的家庭生活形式是村民生活在空间上的扩展。显然,在"两边在"的生活形态下,夫妻双方与双方亲友之间的往来更加密切,并通过双方亲友,扩大人际交往的范围。"两边在"对促进民族内外的密切往来与建立和谐的社会关系具有积极的意义。

三、乡村风尚的彰显:全家福拍摄传承家风

在人口流动日益频繁的背景下,家庭成员的分离在一定程度上破坏了家庭合作的功能,使家庭生产、抚育、赡养、互助、情感等方面受到挑战,也为家庭中的留守人口带来了不同程度的压力。文化帮扶团队在暑假期间来到湾甸乡帕旭·芒石寨和马棒寨,在走访中我们发现,许多家庭留有的照片比较少,其中很大一部分还是单人照,全家福照片很少。此时正值农闲时节,于是团队决定为两个村寨的一百来户家庭都拍摄一张全家福,让各个小家庭聚集到大家族,为他们定格全家团聚的欢乐时刻,让他们重温家族的集体记忆与过去的美好时光,从而营造文明、和谐、良好的村域生活氛围。

(一)以家为单位的人际情感融通

湾甸傣乡村寨中,分家后的小家庭各自独立生活,平时,家族成员很少聚在一起。全家福的拍摄给村民们提供了一种新的互动交流方式,将

蕴藏于家族成员内心的美好情愫和大家庭团聚的温馨时光定格在照片上。一方面，在如今忙碌的社会生活中，亲人们聚少离多，记录团圆时刻实属不易；另一方面，全家福也是家庭成员成长与家族变迁的见证。孩子在长辈的呵护下茁壮成长，长辈在孩子的目光中慢慢变老，全家福是对"时间都去哪儿了"的最生动的回答，既反映了家庭的发展，也折射出城乡与时代的巨变。

在村寨负责人的带领下，文化帮扶团队的摄像老师分成两个组进行全家福拍摄工作，接到拍摄通知，两个村的村民们都积极地做了准备工作。拍摄全家福之前，村寨负责人通过微信群、QQ群、大喇叭反复通知村民，保证通知到每户人家。在集中拍摄的三天时间里，负责拍摄全家福的老师们奔走于各个家庭。无论是已经拍摄完成的村民，还是等待拍摄的家庭，茶余饭后议论的都是关于全家福拍摄的话题。有人后悔今天拍照的时候穿的衣服没有扯整齐，太紧张了，表情也不自然；有人在问，明天拍照穿身上这套衣服，搭配什么发饰比较好。人们坐在自家庭院或寨心亭里聊天，话题始终离不开全家福拍摄活动。摄影老师们前往某一家拍摄的途中，常有其他村民问："老师，什么时候去我家拍照呢？"在拍摄全家福时，家庭成员们都精心穿戴上极具傣族特色的服饰，每一个人的脸上都洋溢着幸福的微笑。

在拍摄全家福照片的活动中，村民们都表现得格外激动与兴奋，他们说，他们已经很久没有与家庭成员们聚集在一起拍摄照片了。在给村民们拍摄全家福时，年纪较长的村民面对镜头会有一些紧张，表情显得比较严肃。但负责拍摄的老师们经验都非常丰富，他们会先和村民们进行轻松的闲聊，等到他们放松下来，就立刻抓拍，记录下这一个幸福的时刻（见图7-2）。

全家福是在每个村民自家的庭院里拍摄的，所以村民家的房子就是拍摄的背景。老人们坐在庭院的正中间，年轻人站在老人的身后或两侧，年幼的孩子或由老人抱着，承欢膝下，或由父母抱着，大家其乐融融地看向镜头。对于村民个体和家庭来说，全家福是家族岁月最好的记录，承载着他们生命历程的一段幸福记忆。正是因为怀揣这些幸福记忆，在遇到家庭矛盾时,他们才能始终保有对家庭的认同。特别值得注意的是,村寨中"两边在"的家庭,参与了双方家庭的全家福拍摄。文化帮扶团队在短暂几天拍摄全家福的过程中,也深切地感受到村民们维系一个家庭的辛苦,能够让两个村的村民借拍摄全家福的机会重温家庭团聚的温暖、与家人情意相通的喜悦,我们感到,这次拍摄活动是很有意义的。

图7-2 村民欣赏全家福照片

(二)从全家福到全村福的集体团结

湾甸傣乡村民在拍摄全家福的过程中,想到拍"全村福",于是,西南大学文化帮扶团队又为湾甸傣乡村民拍摄了"全村福"照片,"全村福"既是众多幸福家庭的集合,也是一个美丽乡村的集体写照(见图7-3)。

图7-3 西南大学文化帮扶团队与村民一道拍摄全村福

此前,村寨中少有家庭体验过拍摄"全村福"的经历。马棒寨的银社长特意将这项集体行动安排在"采花节"期间。文化帮扶团队的拍摄老师为此特地制定了详细的工作计划和具体的拍摄方案,并多次在村寨内选址、试拍,最后确定以马棒寨寨门入口处的露天场坝作为拍摄场地,并设置了站台。拍摄当天,村民穿戴着美丽的傣族服饰,扶老携幼聚集在一起,拍摄现场洋溢着一片喜庆欢快的气氛。拍摄时,村民们齐声喊道:"和谐大家庭,最美马棒寨!"摄影老师将每个人的幸福笑容都定格在"全村福"里。村民对这张集体合照的意义给予了充分的肯定,他们连声说道:"我们觉得这张照片很有意义,它让我们感受到生活在村里的那种归属感,感受到和父老乡亲之间和谐融洽的关系。"

一些村民在朋友圈、抖音上分享拍摄全村福照片的经历,表达了对文化帮扶团队的感谢。马棒寨的村干部们表示:"这次全村集体照的拍摄活动起到了凝聚人心的作用,增强了村民的归属感与集体荣誉感,也让大家体会到,有一个团结的集体,是美好生活的基础。"如今,这张全村福照片已作为马棒寨的村史资料陈列在村委会展览室。

全村福照片的拍摄活动彰显了村寨的和谐氛围,使团结效应不断扩大化,也让村民们更加切实地感受到村寨里亲密的人际关系。拍摄活动拉近了村民的友情、邻里情,增强了村寨的凝聚力和正能量,使村民不仅关注自己家庭的发展,也关心村寨这个集体的发展,塑造了他们荣辱与共的集体主义意识。我们认为,拍摄全村福活动,有助于引导村民将个体利益、村寨利益与民族利益、国家利益相融合,树立社会主义核心价值观,更好地领会"共同富裕""中华民族伟大复兴"的意义。

总之,弘扬文明乡风对全面推进乡村振兴具有重要作用。在文化帮扶工作中,首先,我们从村民对文明乡风的认知与理解出发,重视传统乡土价值观、村规民约、信仰与禁忌对构建地方道德机制、稳定村落秩序和塑造乡村关系的作用。其次,围绕强化村寨"共同体"建设开展工作,将家庭观念、家教和家风与村寨集体意识的培育相联系,突出了家庭作为社会和谐、民族进步与国家发展的基点的作用。再次,注重激发当地基层党支部推进乡风文明建设的积极性,鼓励村干部及其家庭成为模范典型,发挥乡贤、乡村能人在文明乡风建设中的"领头羊""风向标"作用,在社会文化和乡风文明建设中展现"家国一体"的理念。

第八章
组织资源：文化帮扶助力傣学研究

昌宁傣乡有着浓厚的傣族文化色彩。昌宁县傣学研究会（见图8-1）作为促进傣族文化繁荣与发展的群众性学术团体，为傣族社群的自组织提供了一个鲜活的范本。参与乡村振兴，既是社会组织的重要责任，又是社会组织服务群众、服务行业、服务社会、服务国家的重要体现，更是社会组织凝心聚力、实干成长、实现高质量发展的途径。在西南大学文化帮扶团队的支持下，昌宁县傣学研究会的傣文化研究正在深入开展。

图8-1　昌宁县傣学研究会工作人员

一、昌宁县傣学研究会

昌宁县傣学研究会是昌宁县傣族研究工作者和关心傣族繁荣与发展的各族同胞自愿组成的群众性学术团体。该研究会主要在湾甸乡、卡斯镇、柯街镇、勐统镇等地展开研究活动,并将办公地址设在湾甸傣族乡上甸村村委会。昌宁县傣学研究会接受昌宁县民族宗教事务局的业务指导和昌宁县民政局的监督管理,是一个地方性的社会组织。

(一)傣学研究会的成立与发展

成立昌宁县傣学研究会是为了传承保护民族文化、增强民族团结。2019年4月,昌宁县傣学研究会筹备委员会向全县的傣族同胞发出倡议:"呼吁广大傣族同胞、有识之士都来参加此项工作,积极投身于民族文化传承事业!"2020年8月3日,恰逢傣族的传统节日"采花节",昌宁县傣学研究会宣告正式成立。

昌宁县傣学研究会的成立,有利于促进傣族各项事业和傣学研究的发展。在我们的田野访谈中,当被访谈人谈到昌宁县傣学研究会的创办缘起时,大多流露出对傣族技艺失传、文化消逝、民族同化的忧虑。在这些忧虑的背后,体现出研究会会员们的乡土情怀与文化自觉。

现任昌宁县傣学研究会会长的银会长说:"办傣学研究会就是想到如今很多文化在消失,特别是傣语。有很多文献失传。(学会)建立以后,要致力于把傣语、傣文化传承下去。比如泼水节,曾经有一段时间就是由一些商家来举办的,很多群众向我们反映,说这些傣族的民间节日应该由傣族人自己来举办,并邀请其他兄弟民族共同参与。这样它民族团结的意义就会更大。"[1]

在现代化的进程中,地方传统文化正面临着前所未有的冲击。当地民众对此有深切体会。下甸的杨宏亮老师是古傣语的传承人,他十分看重傣族文化的传承与挖掘,在访谈过程中,他说起自己多来年四处走访,搜集傣族相关文献,尝试系统完整地保存傣族文化的艰辛,以及常有的孤独之感。他希望能有更多的人加入傣族传统文化研究与传承的队伍中,

---

[1]根据团队成员对马棒寨银社长的访谈资料整理。

使傣族的文学艺术、风俗习惯等,都能够得以延续和发展。

岩卟傣家美食馆老板对傣族文化传承表达了他深深的担忧,他的孙子在上幼儿园之前说傣语,上了幼儿园之后就改说汉语了。他孙子的汉语说得很好,现在在家里也用汉语交流,很多称呼事物的傣语已经听不懂了。虽然这不影响他们之间的交流,但他还是希望孙子能懂一些基本的傣语。银姓村民谈到他们以前在供佛前一天的活动:几家人相约组成一队,一起杀一头猪请大家吃饭,饭后有敲锣打鼓、唱歌跳舞等活动,还会买糖回来让小朋友抓阄取糖。但是现在这些活动都没有了,也很少有人懂经文。

关于傣学研究会的未来发展,在立足傣学研究会业务范围的基础上,除了"非遗传承""承办民族节庆"等,银会长和村民们设想,还要打造一个傣族文化馆和传习所。文化馆可以保存收集到的傣族地方史书、经文等,还可以展陈一些老物件、文化遗产。传习所则可进行诗、画和傣语等的培训。

(二)傣学研究会的组织架构

据《昌宁县傣学研究会章程》介绍,该会主要设置了三大机构:一是会员大会,其作为权力机构,主要负责制定和修改研究会的章程、审议研究会的工作报告和财务报告、按期选举产生新一届领导班子,并决定研究会的重大事项;二是理事会,其作为常设机构,主要负责筹备召开会员大会、执行会员大会的决议、向会员大会提出领导班子人选的任免建议,以及决定聘任顾问;三是常务理事会,其作为执行机构,由会长、常务副会长、副会长、秘书长、各工作组组成,主要负责研究会的日常工作。此外,该会还下设办公室、财务室和研究室,并在卡斯镇、柯街镇建有分会,且分别设分会会长、副会长,负责辖区日常事务。

昌宁县傣学研究会组织架构如下。

会长1人,常务副会长1人,副会长3人,秘书长1人。除常务副会长外,其他均由会员大会选举产生。根据会员登记信息表的记录,目前昌宁县傣学研究会共有72名个人会员,除8名未记录基本信息的个人会员,我们对其余64名个人会员的基本情况进行了统计分析。

一是在性别分布上，男性54人，约占84%，女性10人，约占16%。可见该会个人成员中，男性占绝大多数。

二是在年龄分布上，调查划分为青年组（20—29岁）、中青年组（30—39岁）、中年组（40—59岁）、老年组（60—75岁）四个区间，各组人数情况如下：第一，人数最多的是中年组，有36人，占到64人的半数以上，其中，男性成员33人，女性成员仅3人；第二，中青年组有16人，其中女性成员6人，男性成员10人；第三，老年组有8人，均为男性；第四，青年组人数最少，只有4人，其中男性成员3人，女性成员1人。从会员构成来分析，中年人占大多数，女性成员相较于男性成员更呈年轻化趋势（见图8-2）。

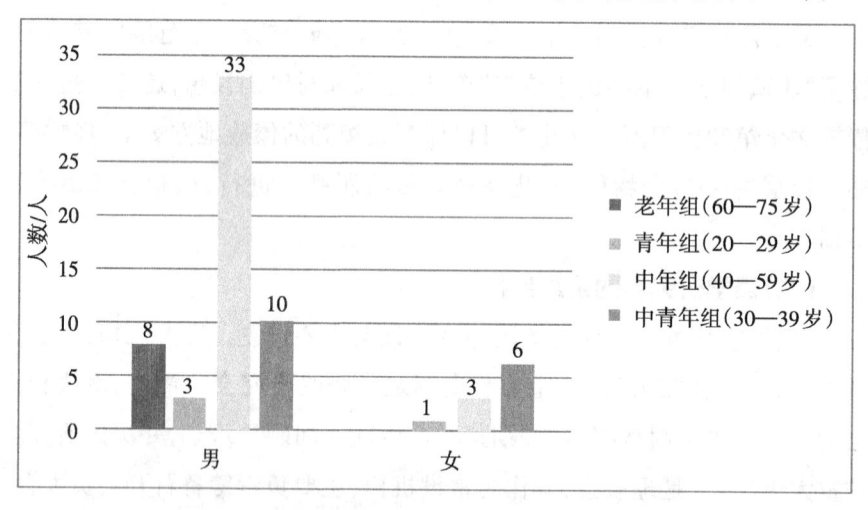

图8-2 昌宁县傣学研究会会员性别、年龄分布表

三是在地域分布上，湾甸乡、卡斯镇、柯街镇、勐统镇为该会主要的活动地域（见图8-3），由于勐统镇成员较少，故我们统一将其归为"其他"类。统计结果显示：在乡镇一级，来自湾甸乡的成员有37人，超过成员的五成；来自卡斯镇的成员有14人，占比约22%；来自其他区域的有7人，占比约11%；来自柯街镇的成员仅有6人，占比约9%。细化到村一级来看：属于湾甸乡的成员超过半数来自上甸社区，来自下甸村、大城村、小街子村的成员分别为9人、5人、3人，分别约占湾甸乡成员总数的24.3%、13.5%、8.1%（见图8-4）。可见，该会个人成员以湾甸傣族乡上甸社区的人员为主。这可能与研究会的办公地点设在上甸社区有一定关系。

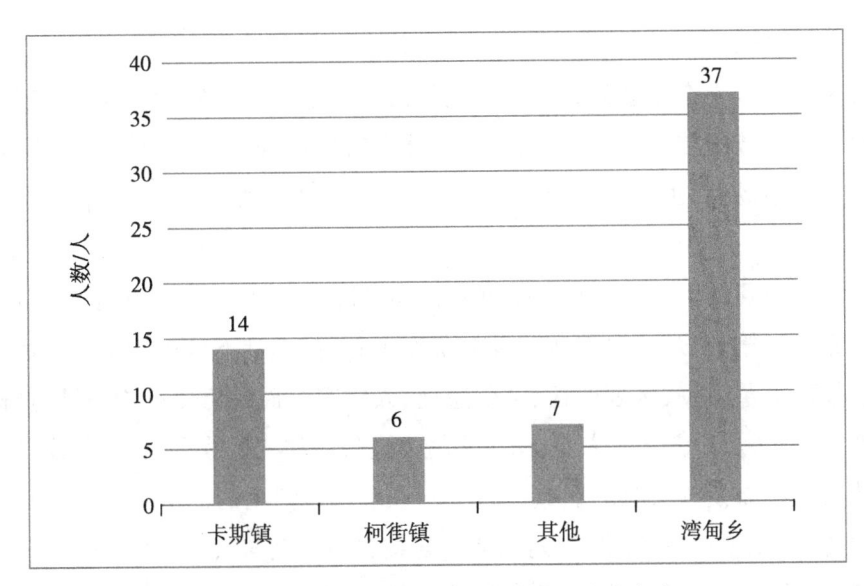

图 8-3　昌宁县傣学研究会会员的地方分布表

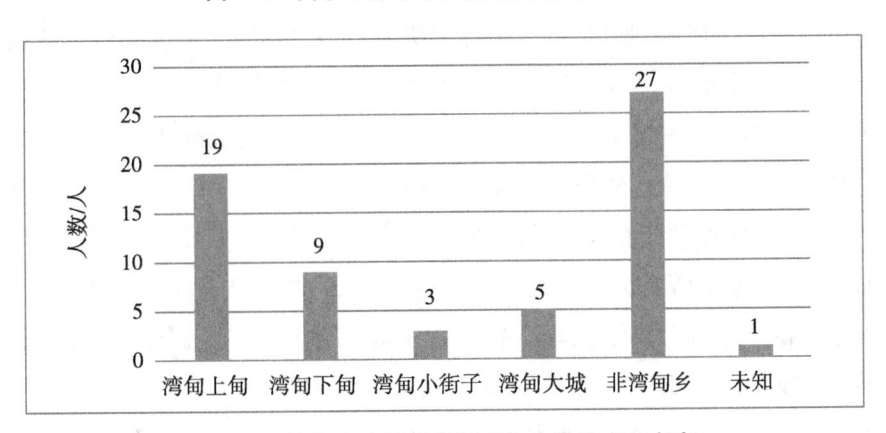

图 8-4　湾甸乡内的傣学研究会会员地方分布表

(三)傣学研究会的功能业务

《昌宁县傣学研究会章程》对该会的业务范围进行了说明,该会的业务范围主要包括:组织会员学习国家的法律、法规、方针、政策,提高会员的政治思想水平,增强会员的学术研究能力;召开相关学术座谈会、研讨会,组织会员参观考察,出版学术成果;调查、搜集、整理、编译国内外有价值的有关傣族历史、文化、科技成果等的文献,出版精品,扩大影响;加强同其他地区傣学专家学者的联系,积极开展学术研究和交流;加强同兄弟学会的沟通、联络和合作,开展同根文化交流和其他学术研讨活动,接受云南省民族学会傣学研究委员会及保山市傣学研究会的指导;组织和指导昌宁傣族的传统节庆活动,开展傣族语言文字普及教育和传统礼仪传承教育活动,对进入高等学府深造的傣族优秀贫困学子给予适当的支持与帮助。

昌宁县傣学研究会是一个群众性学术团体,傣学文化研究是其工作的重点。第一,从历史追溯与发掘工作来看,昌宁县下辖9个镇、4个乡,其体制沿革、行政区划变迁、文化遗址、人物等方面的历史有待记录与研究。第二,从语言文化来看,昌宁县境内世代居住的民族有汉族、彝族、傣族、苗族、布朗族、回族、白族、傈僳族,在现代化浪潮的冲击下,傣族语言的传承面临着严峻的挑战,对傣族语言文字的研究与教育亟待加快展开。第三,从风俗习惯、民族娱乐项目、特色饮食等方面来看,傣族有搭青棚、回门等婚俗习惯,有瞧地基、入宅等建房习俗,有从初终、葬礼到送殡的丧葬习俗,有泼水节、采花节、打斋节等节庆习俗,有打陀螺、嘎光舞、荡秋千、丢包、斗鸡等民族娱乐项目,有野姜春干巴、牛撒撇、酸扒菜、腌酸肉、鱼鲊等富有民族特色的美味珍馐,也有有关生产、生活、宗教、节日的文化禁忌等,这些风俗习惯、民族娱乐项目、特色饮食等,反映出傣族历史文化的魅力,是傣学研究会研究的重要内容。第四,从人文艺术等方面来看,当地的傣族服饰、建筑、文学、音乐、美术等都独具特色,为傣学研究会提供了丰富的研究内容。第五,从宗教文化方面来看,该地普遍信仰的小乘佛教,是由缅甸、泰国传入我国傣族地区的。佛教是云南傣族精神文化生活的重要组成部分,因此,对其宗教信仰进行研究,有利于傣族文化的传承、精神的凝聚。总之,昌宁县傣学研究会紧紧围绕傣学文化这一核心展开研究,我们相信,它定会为昌宁县乡村振兴注入一股强劲力量。

二、帮扶昌宁县傣学研究会的初衷

昌宁县傣学研究会是昌宁县傣族研究工作者和愿为傣族的繁荣与发展做贡献的志愿者组成的民间学术团体,其发展壮大将为傣族社群的自组织提供一个鲜活的范本。在综合考虑其社团性质、业务范围与组织宗旨的基础上,西南大学文化帮扶团队认为该会的成立与发展主要有以下重要意义。

一是能增强民族凝聚力。昌宁县傣学研究会以湾甸傣族乡上甸村村委会为办公地址,辐射到湾甸傣族乡卡斯镇、柯街镇等区域,通过集合傣族优秀人士及专家学者,组织和指导当地傣族的传统节庆活动、语言文字教育和礼仪传承教育,使周边区域的傣族了解自己的文化,同时促进傣族和其他各民族的文化交融。

二是有助于促进傣族文化的传承。昌宁县傣学研究会通过组织学术研究与学术交流活动、深入进行本民族的相关研究、开展传统的民族活动及教育等,一方面提高了研究会成员学术研究的能力;另一方面也起到了鼓励与引导昌宁县傣族人民提高自身的文化素养,从而促进傣族优秀文化的继承与发扬的作用。

三是有利于社会经济的发展。该会致力于傣学研究,对昌宁县傣族群众的情况较熟悉,能为党和政府制定当地的发展政策与措施提出良好的参考意见。傣族各项事业的发展和傣学研究的逐步深入对昌宁县推进建设"经济繁荣、社会和谐的新昌宁",促进民族团结,构建社会主义和谐社会等具有重要意义。

就文化帮扶团队自身的情况而言,我们拥有多名理论基础扎实、田野经验丰富的教师,他们在民族学、人类学等学科领域颇有建树;还有一批朝气蓬勃的大学生,他们精力旺盛,乐于奉献。在学术研究上,文化帮扶团队有足够的学术能力与资源,因此,秉持"支持一个傣学研究会"的初衷,我们将昌宁县傣学研究会作为我们支持的对象,以铸牢中华民族共同体意识为主线,全力支持其后续发展,指导其深入研究傣族文化,为传承中华民族优秀传统文化、服务乡村文化振兴做出应有的贡献。

三、支援昌宁县傣学研究会的举措

(一)深度参与傣学文化研究

西南大学文化帮扶团队支持昌宁县傣学研究会,具体体现在参与学术座谈会、研讨会、考察访问等有关学术活动,以及调查、搜集、整理、编译国内外有价值的傣族历史、文化、科技成果资料等多个方面。

一是编撰了西南大学对口支援昌宁县的"定点帮扶与乡村振兴丛书"。该丛书包括《白露花开:昌宁县湾甸乡帕旭与芒石寨的社会与经济》《傣乡奔马:昌宁县湾甸乡马棒寨的文化与生活》《光影金湾:昌宁县湾甸乡影像民族志》《日照坝上:昌宁县文化振兴实践与理论思考》等4种,其中的文本资料与影像资料能为昌宁县傣学研究会的相关学术研究与扶贫实践提供有益的参考。

二是在当地建立了西南大学历史文化学院民族学院专业实习实践基地。该实习实践基地的建立意味着我们对昌宁县傣学研究会的帮助将是长期的、稳定的、可持续的。

三是文化帮扶团队充分发挥学科专业优势,全方位考察了当地傣族的历史文化、民族风俗等,深入挖掘了其中的文化内涵与民族特质,尽力解决地方政府与傣学研究会专业知识匮乏,没有从事相关研究的专业人才,群众担忧民族的历史和文化将来会被湮没的问题。另外,文化帮扶团队对傣学研究会还有许多间接的、润物无声的支持举措,例如多次与该会主要负责人开展交流,为傣学研究会的未来发展做出长远规划和提出落实性建议,着重挖掘民族文化符号与民间代表性资源等。

(二)积极支持昌宁县傣学研究会开展节庆活动

昌宁县傣学研究会为庆祝其正式成立并发展新会员,决定将首届会议定在傣族采花节期间召开。2020年8月3日,昌宁县傣学研究会举办的"首届傣族采花节暨发展新会员活动会"正式召开。银正祥会长做了讲话后,常务副会长、副会长与秘书长分别做了简短发言,捐赠仪式后,大会的正式议程结束。接下来,为了庆祝大会成功举办与欢迎来宾,傣学研究会还组织了一场小型的泼水活动,大家互相泼水玩闹,冰凉的水花将夏日的炎热驱散,留下一片欢声笑语。下午五六点,传统的百家宴在马棒会场开席。寨里每家都端来三四个菜,摆了满满三列长桌。唱过祝酒歌后,大家正式开吃,饭桌上洋溢着幸福温馨的气氛。晚间的文艺会演更是将当天的欢乐气氛推向了高潮,来自马棒、芒帕、西南大学的表演队伍纷纷登台,进行了精彩的演出。

这次"采花节"的成功举办对昌宁县傣学研究会具有重要意义,不仅扩大了其影响力,有利于吸引更多的傣族同胞、有识之士加入傣学研究工作,也提升了该会在当地民众心目中的形象与声望。另外,这为学会组织和指导昌宁傣族的传统节庆活动,开展傣族语言文字普及教育和传统礼仪传承教育活动打下了良好的基础,鼓舞了研究会成员的士气,也凝聚了周边傣族及其他民族群众的心。

文化帮扶团队积极支持这次活动的举办,主要体现在如下三方面:

一是活动筹备。对大会场地的布置、会议议程与名称设置等,文化帮扶团队富有经验的老师们均进行了指导或提出了建议,田阡教授还亲自为银正祥会长修改了大会发言稿,学生们也积极出智出力。

二是摄影记录。上午九点半,文化帮扶团队的吴秋林教授等人便用车载着各种设备来到马棒山广场,提前做好了拍摄准备,以对大会的举办进行全程的记录。百家宴与文艺会演开始后,文化帮扶团队的无人机等设备一齐上阵,加之团队学生的文字与图片记录,全方位地保留了有关当天会议的珍贵资料。

三是表演助阵。在当晚的文艺会演上,文化帮扶团队的女大学生们表演了合唱《和你一样》,大学生范婧怡表演了独唱《夏天的风》,师生们积极用歌声与笑容感恩予以我们温暖的傣乡热土与傣族人民,歌声使我们与他们的心紧紧相连。

(三)广泛募捐和集资筹款

经费是研究会开展活动的前提。虽然《昌宁县傣学研究会章程》第三十四条提到,该会经费来源包括会员交纳的会费、政府机构法定补助、社会各界的捐赠、个人资助与捐献、其他合法收入等。但在实际访谈中,会长银正祥告诉我们,除了会费,傣学研究会并无其他经费来源,在活动资金上存在一定的缺口。

鉴于此,文化帮扶团队通过捐赠款项的方式对学会的发展予以了经费支持。在2020年8月3日昌宁县傣学研究会举办的"首届傣族采花节暨发展新会员活动会"开幕仪式上,文化帮扶团队捐赠了第一笔经费3 000元。这3 000元只是文化帮扶团队对其进行经费资助的开端,凝聚了团队对昌宁县傣学研究会的深厚情感,也表明了团队的帮扶决心。

据文化帮扶团队的观察,昌宁县傣学研究会在建设发展上还存在着以下主要问题:一是人才吸纳不足,二是物资经费短缺,三是管理方式粗放。从2020年昌宁县傣学研究会举办的"首届傣族采花节暨发展新会员活动会"的诸多细节中,可以看出该研究会的工作还有许多需要改进之处,如计划不够缜密、人员分工不够周全、工作节奏不够紧凑等,其整体的管理与建设模式都是较为粗放的。

昌宁县傣学研究会虽然在工作上还存在较大的提升空间,但不容否认的是,其在当地文化传承、增强民族凝聚力等方面仍具鼓舞人心的作用,在脱贫攻坚与乡村振兴的衔接过程中,它使当地民族村寨的内生文化得到强调,具有极为光明的发展前景。我们立志对昌宁县傣学研究会进行长期持续帮扶:一是发挥智囊团的作用,为研究会的健康运行与持续发展建言献策,提供智力支持;二是保障后续援助,为研究会对傣学文化的挖掘、研究与宣传工作提供人力、物力、财力上的支援;三是起到搭建桥梁的作用,为研究会与其他学术团体、实践队伍、专家的交流搭建平台,以促进其开展更高质量的学术研讨活动与社会服务工作。可以说,西南大学文化帮扶团队"支持一个傣学研究会"之举,为当地傣族村寨培育乡村自组织,助推乡村振兴提供了良好的样板和示范。

第九章
余论：日照坝上，文化振兴在路上

伴随着民族贫困地区温饱问题的解决，人民对美好生活的需要日益增长。昌宁县湾甸傣族乡的文化振兴是一项具有长期性、系统性的"灌溉工程"，响应了乡村振兴战略的时代诉求。民族地区文化振兴应植根于深厚的乡村文化，坚持以积极的精神力量对农民进行价值引导，促进其思想认识的提高，激发其发展的内生动力，从而为全面建设社会主义现代化国家、全面推进中华民族伟大复兴奠定坚实的基础。

在习近平新时代中国特色社会主义思想指引下，西南大学文化帮扶团队的师生按照中央文件精神和教育部的统一部署，对口支援云南省昌宁县。在帮扶支援过程中，文化帮扶团队充分发挥自身的学科优势，主动担当，为昌宁县的乡村振兴和美丽乡村建设提供智力支撑和人才支持，推动昌宁县傣族文化在创造性转化与创新性发展中迸发新活力，助力地方经济社会发展、乡村振兴和民族团结进步，同时，对口支援工作为高校搭建了实践育人的平台，在帮扶昌宁的过程中让青年学子树立了扎根中华大地、投身乡村振兴的理想信念。

文化振兴始终在路上，校地合作一直在探索。坝上美好的故事将会续写下去。日照坝上，愿这束光，照亮我们前行的道路，指引我们奔向更美好的生活与向往的远方！

一、疑惑：我们能为其做什么

扶志与扶智是文化振兴推动民族地区发展的重要保障。坐拥丰富的自然资源和独特的文化资源,却发展缓慢,在一些地区,"富饶的贫困"依旧是亟待解决的难题。西南大学文化帮扶团队刚到湾甸就在思考:大学应如何发挥自己的智力优势,我们能做什么?没有物质的援助是不是帮扶?很多村民一开始也很疑惑:一群大学校园里的学生来村寨里能做些什么?他们对我们的到来充满期待,但对我们的帮扶也有些怀疑。那么,作为承担文化使命的高校和积极向上的大学生该如何参与到乡村文化振兴工作中去呢?我们认为,开展志愿实践文化帮扶活动和参与服务基层工作是两条正确的途径,大学生们可以运用自身专业知识和技能在田野村落中传播文化与爱。

二、发现:我们带给村寨的变化

文化的作用是潜移默化的,文化振兴也是春风化雨、润物无声的。西南大学文化帮扶团队成员,在一个月的时间里,日日出现在村寨的每个角落,除了给湾甸乡带来了新鲜和趣味之外,更以他们的社会担当、专业素养和善良友好展示了别样的风采,留下了难忘的深情。从"你们是来干什么的呀"到"你们一定要再来",村民们对文化帮扶团队的情感发生了很大的变化。"撰写一本村史村志、支持一个傣学研究会、规划一个文化活动场所、拍摄一张全家福、帮扶一支傣族歌舞队、持续资助一名傣族中学生",西南大学文化帮扶团队的"六个一"文化帮扶活动,充分发挥了高校的智力优势,使得田野调查与乡村文化振兴有机结合。

平静的山村因为文化帮扶团队的到来变得热闹起来,仿佛信息的传递也更加通畅了,我们才到没多久,乡镇街上的各个店铺、市场、部门好像就都认得我们了。随着帮扶工作的开展,我们和湾甸乡的老百姓越来越熟悉,走在路上,行人会主动跟我们打招呼,一些老妈妈还会把自己卖的水果蔬菜强行塞给我们。他们的热情促使我们更投入地工作,我们的付出赢得了傣乡人民的尊重。因为我们这群人的到来,湾甸乡多了文化的浸润,多了朋友的关注。农业生产时,人与自然相处更加和谐;夜晚广场舞时间,有了精心剪辑的音乐;热闹喜庆的全家福、全村福合影温暖着傣乡人民的心;傣族小朋友可以时时听到我们这些"大朋友"分享的有趣故事……当地年轻人开始给村外的人讲述傣族的文化习俗,老人们多了想念的人和给后人讲述的事。这点点滴滴,都在影响着村寨的文化与发展,改变和启发着乡寨里的人,更让他们感受到祖国大家庭的温暖和西南大学文化帮扶团队师生一颗颗炽热的心。

三、坚信:文化振兴恰逢其时

乡村振兴战略背景下,昌宁县湾甸傣族乡的民族文化保护与振兴,是一项固本强基的长远工程。从民族文化保护到民族文化要素化,最终惠及全县人民,实现共同富裕,成为昌宁县乡村文化振兴的指归。在文化帮扶行动中,我们坚持"扶志"与"扶智"互助共推,挖掘盘活乡土文化资源和民族特色资源,润物无声地激发湾甸乡的内生动力。这次的文化帮扶活动,也使我们进一步思考民族地区的文化该如何发展,文化帮扶如何向文化振兴转变。总之,我们将继续以彰显学校帮扶特色,精准落实帮扶工作,提高帮扶质量效果为宗旨,以精神文化之土壤,巩固脱贫攻坚之硕果,着力打造特色文化品牌,带动民族地区转变经济发展方式,让昌宁群众在精神文化上"富"起来。

四、思考:学科服务文化振兴

基于湾甸傣族乡现状和乡村振兴需要,西南大学文化帮扶团队以人类学和社会学研究方法开展民族优秀传统文化与非物质文化遗产挖掘与保护、乡村文化研究与文化产业开发的相关调查研究,把学术做在田野大地上,将文化振兴工作做得更深入。人类学与社会学独特而深入的研究视角,使得本次湾甸定点帮扶活动取得了扎实的成果,赢得了当地的称赞,收获了浓浓的情谊。

在同一个时空范围内,体验他们的日常生活,了解他们的所思所想;通过记录他们的日常生活,来展示不同的文化如何满足人的普遍的、基本的需求,并从中反映其社会构成:这便是田野调查。

针对本次文化帮扶活动,我们制订了周密的田野调查方案。文化帮扶团队成员有民族学、设计学、影像人类学、公共管理学、地理学等专业的教师;有博士后、博士研究生、硕士研究生、本科生。团队成员中,田阡教授拥有丰富的田野调查经验,多数师生具有良好的专业素养、丰富的实践经验。整个团队氛围融洽,配合默契。一到湾甸,团队便明确了任务分工,按照常驻村寨分为两组,每组除了负责协调的领队和开车的机动人员之外,主要分为摄影小队和访谈小队,各司其职,协同工作。

在湾甸傣乡坝上深耕一个月,我们根据田野调查方案入户走访,观察、访谈、体验、交朋友。团队成员每天要完成田野笔记,进行访谈总结汇报。很快,我们就成了寨子里的常客。我们深入傣乡人家,跟他们一起去田地、下厨房、晾晒玉米、折叠纸花……深深融进了这片土地和这里的文化。这里的每一个清晨、每一处房屋、每一句话语似乎都蕴含着灵气,都能使我们挖掘出更多的资料。

按照"产业兴旺、生态宜居、乡风文明、治理有效、生活富裕"的乡村振兴战略的总体要求,遵循"农村不能成为荒芜的农村、留守的农村、记忆中的故园"的原则,我们有针对性地提出了湾甸乡文化扶贫路径(见图9-1)和未来发展的几点建议。

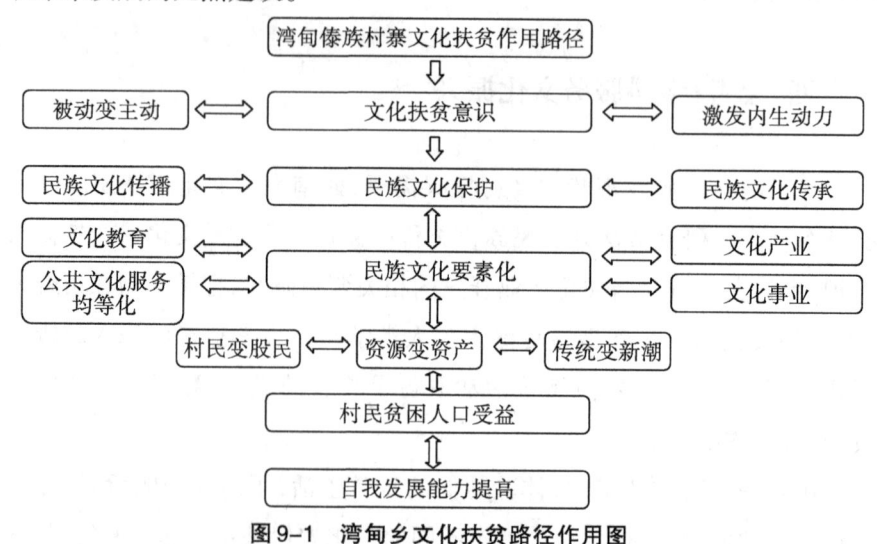

图9-1 湾甸乡文化扶贫路径作用图

1. 让被动变主动，突出思想引领，激发内生动力

让被动变主动，着力解决湾甸村民致富思想意识、文化振兴意识不强的问题。乡村文化建设的主体是农民，乡村文化建设归根结底也是为广大农民服务，要尊重农民的文化主体地位。在人类长期的生产生活实践中，独特的自然环境、生产方式、社会组织、风俗习惯等构成了丰厚的乡村文化资源，正是这些丰厚的乡村传统文化资源，才使乡村具备了与城市不同的文化形态，乡村传统文化是中华文化基因库的重要组成部分。

第一，昌宁湾甸傣族乡文化振兴首先要从转变村民安于现状的思想、更新追求美好精神生活的观念上下功夫。要加强村民对文化建设重要性的认识，鼓励村民积极参与其中，让广大村民在建设自己文化家园的过程中有发言权和决定权，着力培养他们自立自强、艰苦创业的精神。

第二，通过增强基层党组织建设，加强线上线下宣传教育，组织技能培训，重视傣族人民的文化教育，加强适龄儿童教育资助等措施，提升傣族人民受教育的程度，进一步激发其内生动力，真正实现思维共振、上下同心，变被动为主动，变"输血"为"造血"，增强其脱贫致富和文化振兴的主动性。

2. 让村民变股民，注重顶层设计，提升公共文化服务均等化程度

党的十九大报告中明确提出，"完善公共文化服务体系，深入实施文化惠民工程，丰富群众性文化活动"。构建现代公共文化服务体系，就是要实现基本公共文化服务的标准化、均等化。让村民变股民，就是着力通过制度顶层设计和体系化建设，解决公共服务体系不健全、人力不足、设施陈旧和服务水平较低的问题。

第一，让每一个村民认同自己的文化振兴角色和拥有切实的股权。让每个村民成为乡村文化振兴的见证者、参与者和分享者，投身文化传承创新实践，积极参与公共文化服务设施的集体筹资、建设和日常维护。

第二，注重多村寨协同，解决文化资源散乱和分布不平衡的问题。整体谋划，统筹城乡公共文化设施布局、服务提供、队伍建设、资金保障等规划，均衡配置公共文化资源，使公共文化服务和乡村文化振兴具有整体性、系统性。

第三,湾甸傣族乡应加大公共文化服务的投入。加大公共文化产品的供给,丰富群众性文化活动,逐渐缩小村寨居民之间的文化差距,提升其文化素质,保障低收入群体享受公共文化福利。

3.让资源变资产,增强文化自信,打牢转化基础

傣族村寨的民族文化资源对于村寨居民脱贫解困发挥着基础性作用。要重视傣族文化的活态传承,着力解决村寨居民"不自觉、不自信"的问题,让傣族文化资源变资产,才能使湾甸傣族文化在创造性转化与创新性发展过程中迸发出新的活力。

第一,昌宁县政府要加强对傣族传统文化传承人的挑选和培养,提高傣族文化精英在傣族文化建设中的话语权、决策权,鼓励支持傣族传承人建立民族文化工作室,进行傣族文化整理、保护和修复工作。

第二,重视对傣族文化的系统性搜集整理和文字化、院馆化建设,形成村史村志,建设文化博物馆、民族生态博物馆、农家书屋、文化大院等。积极推动文化建设与大生态、大数据融合。

第三,依托傣族村寨的历史文化资源、民族文化资源和生态文化资源,开发具有地域特色和民族特点的文化产品和文化服务。实施嘎光舞蹈、象脚鼓舞,以及竹编、刺绣等手工技艺等非物质文化遗产的传承发展工程,增强傣族人民对傣族文化的认同感和归属感。促进村民提高思想、科学、文化等各方面的素质,凝聚人心、振奋精神、生发生活激情和文化自信,为巩固脱贫攻坚成果和乡村振兴注入强大的精神动力。

4.让传统变新潮,促进产业融合,增强造血功能

文化振兴是精神脱贫的重要催化剂。昌宁县湾甸傣族乡以傣族文化为基础,在乡村文化消费外部需求和内部需求的双重推动下,基于当地文化资源开发进行产业融合与发展,促进民族经济的振兴,有利于加强民族文化自信和凝聚力,筑牢致富根基,推动民族地区文化建设实现跨越式发展。

第一,根据傣族村寨的民族文化和民风民俗特点,聚力将帕旭·芒石寨傣族村打造成民族团结进步示范村、乡村振兴示范点和乡村旅游目的地。帕旭·芒石寨凭借其特色民居、乡村意境、傣家文化等元素大力发展

文化旅游,吸引了大批画家、摄影家、学者前往采风调研。将农业生产与观光旅游、傣族文化相结合,深入推进农村产业结构调整,精心打造农业旅游观光产业区,促进文化与农业、生态、旅游、科技等深度融合和创新发展,积极探索农旅结合、文旅融合的产业发展模式。

第二,促进传统傣族文化传承方式的创新。推动"傣族文化+"互联网、旅游、文创产品等多种形式建设,着力解决品牌化、特色化不足等问题。构建"文化+时尚"模式,找到民族文化产业市场突破口。湾甸傣族乡依托丰富的民族文化资源,探索加快民族文化产业发展的新路子,结合现代化市场需求,创新非遗手工艺加工生产模式,构建起具有浓郁民族特色和现代文化气息的创新创业发展新格局。

第三,注重乡村振兴新内涵挖掘。推动文化富民、强村,塑造乡村振兴发展新态势,将地域特色和乡村文化元素融入农业生产、农产品加工、农业观光、农事体验中,赋予农业更多文化内涵,提高乡村文化的创造力和生产力,积极吸纳村寨剩余劳动力,为村民提供就业机会,不断增强傣族村寨"造血"功能和自我发展能力。

第十章
远方坝子的悠悠之情

2020年的7月,正值湾甸乡农闲之际,天气炎热、小雨不停。西南大学文化帮扶团队的师生驱车来到这里开展为期一个月的文化帮扶活动,我们的到来,为这片美丽富饶的土地带来了一些别样的气息。

2020年9月30日,是湾甸傣族乡第二届"相遇傣乡·乐游傣寨"文化旅游节,在马棒寨银社长的盛情邀请下,西南大学文化帮扶团队的师生再次启程前往这个回忆满满的地方。寨子中的人们满怀期待,早早就开始准备饭菜,等待拿着相机、摄像机的熟悉身影的到来。当地人用他们的热情以及一桌丰盛的饭菜为师生们洗去旅途的疲惫。老师们纷纷感慨道:"村民们真是太热情了,又回到这里,真是太好了!"

摄影老师用镜头记录下了银社长徒手爬上挂着活动大海报的钢架,亲手将每一根绳子系紧的情景。银社长做事认真负责,如镜头所记录的那样,一直默默地将寨子里的每件事落到实处。我们还注意到,活动大海报上用的背景图,正是我们团队摄影老师上次来拍下的珍贵照片。活动当天,人潮涌动,不论是当地人还是外地人,不论是大人还是小孩,无不快乐幸福,到处都是欢声笑语。活动类型也十分多样,有拔河大比拼、捕鱼庆丰收、争霸"陀螺王"、成果大亮相、品尝百家宴、全民共嘎光等活动。这些活动不仅彰显了集体的力量,促进了各寨的交流,增进了民族感情,还推广了民族传统体育竞技运动,展现了民族传统舞蹈的魅力。

品尝百家宴最是让人印象深刻。各家各户的女主人或是老妈妈早早就为晚上的百家宴做起了准备,一家最少都会带三道拿手菜到山上的活动场所与前来参加活动的人分享。长长的桌子上摆满了人们精心烹制的傣族美食：极具民族特色的酸扒菜、清凉解毒的牛撒撇、酸甜可口的菠萝饭、嚼劲十足的牛干巴、味酸而鲜的酸笋鸡……很多都是我们意想不到的美味。开席前，美丽动人的傣族姑娘们主动站成一排，用嘹亮动听的歌声唱出深情的祝福。

这次回来，我们还观察到一个令人感动的细节，每家每户都在家中最显眼的位置挂上了我们为他们拍摄的全家福，寨中的人们还自发地在全寨最中心的公共场所挂上了和我们一起拍的大合照，这无疑是对我们工作最好的肯定。我们将大合照再放大、装裱得更精美，挂在寨中最显眼的位置，让全寨子的人都可以清晰地看到。它代表着我们对寨子的深厚情谊和深深祝福。

这次重回湾甸的活动，文化帮扶团队中的一些成员因故未能参加，但他们和我们一样，心中仍牵挂着那个美丽的地方。湾甸的人们也一样牵挂着我们，即使已经离开，我们还总是被寨中乡亲们提起。寨子中的老奶奶们虽然不会使用智能手机等现代通信工具联系我们，但是会经常从家中年轻人的口中了解我们的近况。无论我们是否重返湾甸，寨子中的人们都把我们当作亲人，常常与我们分享他们的日常生活。下面我们就以几位亲历者的手记来展示文化帮扶团队成员与傣乡人民结下的深厚情谊。

一、触动内心的柔软

（团队成员：阳姗姗）

在文化帮扶团队赴昌宁县湾甸乡开展"六个一"帮扶的过程中，我最深的体会是，文化帮扶是新时代民族地区帮扶工作的重中之重。文化帮扶的力量，在我看来，可以用三个词概括：一是"内生性"，《中共中央 国务院关于打赢脱贫攻坚战的决定》指出，"注重扶贫先扶智，增强贫困人口自我发展能力"，文化帮扶所独有的润物无声、育人无形的特点，更能促进当地人民主观能动性的发挥；二是"广泛性"，文化是开放性社会系统中一种宝贵的资源，文化帮扶团队的"六个一"帮扶行动，努力使每户人家受益,为湾甸乡推出优秀文化产品、发展特色文化产业、打造乡村旅游经济等提供了"源头活水";三是"深远性",以人为本,文化帮扶团队着力发掘当地文化宝库的延伸价值,致力于把一时一地一策的帮扶转化为以文化生态涵养发展的长久之计。

我的另一个体会是,开展"文化帮扶",方法很重要。我们的帮扶活动以人类学田野调查法为主,其优势主要在于有助于我们深入探查当地文化生态,从多方面启发帮扶工作思路。以我进入田野调查初期的一个经历为例,传统村寨马棒寨如何能建立起一个具有向心力的村社共同体,是我非常好奇的。对于全寨轮流出义务工为各家办红白喜事,我问他们(马棒寨的人们):"那些家里办席较少的岂不是亏了?"他们说:"不能这样算。"他们的回答出乎我的意料,也启发我注意对当地文化生态的分析。不能以市场经济的一般思维去思考、解决问题。唯有了解、把握与合理顺应当地文化生态,才能助力民族地区打造富有特色的、可持续的、整体的乡村振兴之路。关于民族文化生态的特殊性,以下是我记录在田野日记里的一些文字:

"正准备到下一家时,被人叫到万云兰姐姐家坐了下。看到万忠华、万忠和两位叔叔正坐在里面乘凉,这才了解到他们和万忠清叔叔是亲兄弟关系。我和万忠华叔叔就马棒寨的一些传统禁忌与习俗聊了起来,这些传统禁忌与习俗也是他们代代相传的村规民约,如:套着犁的牛不能进入寨里;嫁出去的姑娘不可回娘家生产;野生动物跑到家里是送祸;自己家的牛跑到别人家,要准备鸡之类的给别人;等等。这些禁忌习俗串联起来,反映出其特有的民族心理或观念。我在与万忠华叔叔的聊天中,体会到马棒人对村寨生活空间的珍爱与尊重,由此再去理解他们为村寨集体付出的热情,他们对志愿性集体劳动的积极参与,似有所悟。"

在文化帮扶的过程中,还有更多超越时空的东西在生长与沉淀。真挚的情感与友谊,连接起我们与当地民众的过去、现在与未来,成为文化帮扶团队成员们与当地民众心中共同的温暖,永远存续。以下是我记录在田野调查日记里的一段话,每当我看到这段话或想起这段时间,都久久无法平静。

"在那儿还发生了一件'窘事',在田野调查中第二回落泪,竟然是在矮板凳上跟万奶奶聊天时。我从内心很喜欢她,她的一些神态和表情让我总觉着她就像是我的奶奶。当时我说,我留个电话号码下来,以后好保持联系。她说她没有手机,也没有钱买手机或交话费啥的。我本想着留个电话号码好歹也有个再联系的机会或可能,她却说:'大家人生能有一次相遇就已经足够了。你们来这里,和到其他地方旅游一样,只是偶然。'我听见她这么说,忍不住落下泪来,只觉得万奶奶的雪泥鸿爪之叹说出来是那样悲伤。也许我们都在这个夏天被他们放入了记忆,但万奶奶对未来的重逢并不期待的样子,对我来说又何尝不是一种遗憾。"

万奶奶不知道的是,这次的文化帮扶之旅,绝不是我们文化帮扶的终点,这只是我们在昌宁县湾甸乡的一次有力的文化帮扶行动,以后我们还会有更多深入当地的持续的行动。相信在当地党委、政府、傣族人民的支持与帮助下,我们的文化帮扶行动如同一缕灿烂的阳光,永远映照着这个美丽的地方。

二、乡土、乡村与乡情

(团队成员:李月如)

湾甸傣族乡是一个典型的少数民族乡村聚落,这里的人们与土地紧密相依,相对封闭的村落恬静地坐落在坝子上,村民们质朴、真诚、勤劳又热情,在与这里的村民们相处的日子里,我无时无刻不被他们的真性情所触动。在城市里出生和生活的我们,能在课堂上清楚地说出"熟人社会"与"陌生人社会"的概念与特征,却从未如此深刻地感受过,原来乡村是这样的,原来淳朴的乡情如此动人。

到湾甸的第一天,我就感受到了这个地方天然的"热"情,阳光直晒,空气里透不出一丝风来。村子门口那座金光闪闪的大门楼极具傣族特色,傣族的吉祥物——大象、孔雀都融合在门楼的设计中,整个村寨家家户户的屋顶也同样如此。静谧的村寨因为我们的到来变得热闹起来,我们好奇地打量着这里具有浓郁傣族风情的建筑、随处可见的芒果树、弯弯曲曲的林间路、神圣的佛寺，以及陌生的村民们；他们也好奇地看着我们，时而客气地冲我们笑一笑。我们一行人就这样在社长和村干部的带领下，开始熟悉村寨的情况。迎面看到一位七十多岁的阿婆背着一箩筐芒果，步履蹒跚地从山上走下来，一脸慈祥，乐呵呵地看着我们。我们快步走上前要帮她背箩筐，她却要给我们芒果吃，初来乍到，这样的热情弄得我们都不好意思了。阿婆用傣语努力地向我们表示着"拿去吃、拿去吃"的意思，然后不容分说地给我们每个人手里塞了一个芒果，就自顾自慢悠悠地往家走去，我们突然间觉得手里的芒果沉甸甸的。第一天，我们就与村民的热情好客"撞了个满怀"。

这样的热情与温暖陪伴了我们整个田野调查的历程，从进门拉家常、做客到采花节、百家宴，点点滴滴、时时处处无不如此，尤其是当乡亲们知道我们在了解、学习傣族风俗，并希望通过文化的建设助推当地发展之后，就更加喜欢跟我们聊天了。他们通过各种方式为我们提供资料，把他们家中的傣族手工艺品、老照片，甚至是多年前的有关傣族风俗的图书都从箱底翻出来给我们看。很多有传奇经历的老人则会邀请我们去他们家里，给我们讲他们的故事。一个一个的小故事述说着湾甸的历史与发展，话语间都是老乡们对这片土地的热爱，就这样，湾甸在乡亲们的话语中变得更加生动立体了。从集体大生产到包产到户、乡村振兴，从粮食作物到蔬菜瓜果，从原始种植到产业链建设，这里的人一年四季都在围着土地和种植转，辛劳并快乐着。最打动人的是他们在丰收后洋溢着的快乐和幸福。将满院子的玉米脱粒装袋是一件非常辛苦的事，可是他们流露于脸上眼中的笑意，藏都藏不住；鱼塘里养成了十几斤的大鱼，他们捞起来招待客人，收获的喜悦溢于言表。

湾甸人的生活安稳，人们对发展和进步既有期待，又有担忧。比如：他们担心傣族语言失传，很多小孩子甚至不大会说了；越来越多的人选择到城市生活，人口迁移和流失趋势越来越明显，给乡村发展带来极大的挑战；等等。他们对我们的到来有一种期待，村寨的发展需要更多的帮扶和指导，这也让我们倍感肩负重任，怎样让脱贫攻坚成果与乡村振兴有效衔接与融合，怎样守好农民的精神家园，相信在踏实践行国家战略的道路上,我们和我们的乡村一定会找到办法。

三、湾甸坝子里的傣乡情

(团队成员:刘国成)

西南大学文化帮扶团队在湾甸进行了为期一个月的文化帮扶,文化帮扶活动围绕西南大学定点帮扶昌宁县工作整体谋划展开,旨在满足湾甸傣族乡文化振兴和乡村振兴建设需要。一个月来,我们开展了民族优秀传统文化与非物质文化遗产、文化产业开发的相关调查研究,完成了以"撰写一本村史村志、支持一个傣学研究会、规划一个文化活动场所、拍摄一张全家福、帮扶一支傣族歌舞队、持续资助一名傣族中学生"为主要内容的"六个一"系列帮扶活动。热情好客的傣乡人家给我留下了难忘的记忆,我也体验了湾甸人家从农闲到农忙的日子,在湾甸度过的这些日子让我感触颇多。

从来到这个美丽的地方的那一刻起,我们就对它产生了好奇和向往。我当时乘坐的是刘霁虹老师开的车,从保山市区到湾甸有两小时的车程,大都是公路,也有一些弯弯绕绕的山路。这段山路平时滑坡和坠石事故较多,一路行来,我对湾甸乡的地理位置和交通状况有了较为全面直观的认识,结合后来杨书记的介绍,我已能够在脑海中形成图像。我很庆幸我们走了这条路线,从保山市到昌宁县再到湾甸乡,真正是一层一层深入。我们从湾甸乡的正村口进村,看见了佛教文化气息很浓厚的大门建筑。这一条路线沿途的所闻所见与另一条路线完全不同,大家的感受也有所不同。

这里的气候和土壤都很适宜发展农业,湾甸乡的主要收入来源是农业经济作物种植。我发现这里的植被较好,农作物都长势喜人。湾甸的气候较湿热,土地肥力高,反季蔬菜的种植让一些湾甸村民获得了较好的收益。这里的芒果和百香果(在很多地方都是较贵的水果)质优且便宜,但不易保存,运输难度大。杨书记介绍说,在本地20元钱可以买一大袋百香果,而在很多地方只能买几个,运输费用和不易保存(气候原因)导致本地百香果易产难销,供过于求,只能卖出白菜价。对此,文化帮扶团队的张彩云老师建议,可以以原料便宜为优势,进行深加工,增加百香果的附加价值。但是地价较贵,且交通不便依旧是需要考虑的重要因素。范婧怡同学也提出了建议:发挥"互联网+"作用,以网络经济为切入点,比如通过网络直播带货可以减少本地相互之间的竞争,以体现物美价廉的优势,以量来降低交通费用过高的负面作用。但是目前村里人对网络经济还不熟悉,没办法操作。从长远看,这两条建议是可以作为发展思路的。

在湾甸吃饭时,我发现他们这里的商业特别是外卖行业并不发达,用的外卖软件是一个不知名的软件,与我们平时使用的主流外卖软件不一样。

在湾甸的一些村庄,我见到不少地方都在大搞建设,这从侧面反映出湾甸乡的发展。虽然总体来说,湾甸的建筑仍以砖房瓦房土房为主,但当地环境已经在慢慢发生变化。

湾甸乡的书记给我们介绍了乡镇的一些基本情况:湾甸乡以第一产业为主,主要种植经济作物。由于地形限制,可使用土地稀缺,土地租金高,但已形成了完整的产业,有蔬菜基地、玫瑰园、葡萄园、菠萝蜜园、芒果采摘基地等,果蔬年产值4.4亿元。谈及作物,他说,湾甸曾以一年两熟的水稻和玉米种植为主,但如今地价较贵,粮食作物经济收益太低,所以他们转而以经济作物为主来提高村民收入,乡镇政府对作物的品种也进行了优化,就拿芒果来说,以前种植的芒果个小,核大,4元一斤,基本上是满足本地需求,现在种植的是改良后的品种,个大,核小,更香甜,可以卖到10元一斤,主要依靠外销增收。

四、彩云之南的思念

(团队成员:谢莉利)

2020年7月,我们一行人从西南大学来到了云南省保山市昌宁县湾甸乡,展开了为期一个月的文化帮扶工作。在这一个月的时间里,我们和当地的村民们从开始时的陌生,到渐渐变得熟悉,再到离别时依依不舍,结

第十章　远方坝子的悠悠之情

下了深厚的情谊。

每天清晨，在阳光的照耀下，我们从自己居住的酒店前往村中。这是一段不长的路途，我们会经过镇上几条满是商铺的街道，也就是村民们俗称的"街子"（音"该子"）。由于湾甸乡的人们"逢三赶四"（即每隔三天赶一次场，上一次赶场过了三天，在三天之后的下一天，也就是第四天，即为下一次赶场的时间），所以，我们常常会碰到赶场的村民们，他们或来买菜，或来卖自己家手工做的小吃、种的蔬菜等。街子设在村子以外的公共区域，每当在街子上碰到村民们，和他们打招呼的时候，我们总会感觉分外亲切。

傍晚，在和村民们共用晚餐之后，伴随着夜空中的点点星光，我们从村中漫步回到自己住的地方。从村子里面出来的时候，我们会经过村中的寨心亭和荷花池，这里常常有许多村民坐着闲话家常。每一天我们从这两个地方旁边经过时，村民们都会主动跟我们打招呼："走了啊？"我们也会和村民们告别："我们走啦，明天见。"

有几次从村子里面回去得晚了一点儿，我们还看到村子里的妇女们在排练傣族采花节的文艺会演节目。她们将一个音箱放在荷花池旁边的大树下，音箱里播放着傣族音乐，音乐一起，她们便跟着领舞认真练习。跳舞时，她们的脸上都洋溢着幸福的微笑，仿佛跳舞给她们带来了无尽的欢乐。她们的家人有时候也会在旁边或站或坐，欣赏她们的舞蹈，稍大一些的孩子还会在旁边跟着她们学跳傣族舞。

看完村民们跳舞之后，已是晚上九十点钟的样子，天空彻底暗了下来。由于湾甸乡的空气质量非常好，所以天空中的星云我们都能看得非常清楚，运气好的时候甚至能够清晰地看到北斗七星，这让来自重庆地区很少看到如此迷人夜空的我们常常发出惊叹，并且不由得拿出手机记录下这个美好的时刻。

时光就在这样的闲适中慢慢地流淌着，如今回想起来，村民们鲜活的面庞仿佛就在眼前，他们的一颦一笑也深深地印刻在我们的脑海里。虽然这一个月的时光非常短暂，但是我们收获到的无比真挚的友情将永远铭记在我们的心中。

后 记

新征程召唤新的奋斗。2020年正值全国抗击新冠肺炎[①]疫情之际，西南大学定点帮扶滇西边境山区56个片区县、全国592个国家扶贫开发工作重点县的工作在夙夜匪懈地展开，其中云南省保山市昌宁县位列重点县之一。关于高校对口支援与服务地方的实践探索，我们曾经在国家级连片特困区的武陵山片区，以风雨无阻的精神持续推进，并创造了"石柱模式"。在昌宁，我们继续保持"咬定青山不放松"的韧劲、"不破楼兰终不还"的拼劲，谱写新的精彩篇章。

高校对口支援与定点帮扶西部地区发展是国家战略。学校通过"志""智"双扶和"输""造"血液并重的方式，实现与地方共同合作、共同发展和共同进步。西南大学历经二十多年的积极探索，与重庆市石柱土家族自治县共同建立的校地合作"石柱模式"，不仅有效地搭建了农业科技成果转化平台，促进了地方经济增长，社会文化事业以及旅游产业等全面发展，而且拓展了学校科技研发渠道和学术研究领域，创新了人才培养模式。基于这种持续、良性的校地合作"双循环"工作，"石柱模式"也为本次的"昌宁实践"提供了很多启示。

从长江到澜沧江，从武陵山区到滇西高原，西南大学对口帮扶昌宁的工作倾注了全校师生的情感和付出。农业、教育、文化三个核心领域是服务地方的"三驾马车"，一起汇聚和驰骋在共同建设昌宁与守护祖国西南边疆的伟大历史进程中。高校的社会服务具有坚守学术底色、注重参与多元化、明确服务边界、实现与社会双赢和开展错位竞争等特点。社会服务既是新时代高校的重要职责和使命，也是高校介入乡村振兴的主要路径与抓手，更是高校高质量发展的紧迫任务和拓展办学资源的内在需要。高校应以积极的姿态，自觉地融入中国式现代化建设大局，并不断地贡献

[①] 新型冠状病毒肺炎现已更名为新冠病毒感染。为切合2020年情况，仍采用新冠肺炎的说法。

后记

科教人才力量。

西南大学以揭榜挂帅的方式，聘请相关领域的社会服务专家团队，以"有组织的科研"和"组团式社会服务"的方式定点帮扶昌宁。学校在助推乡村振兴的主战场上，深化双方合作交流，实现高校对口帮扶工作再对接、再推动、再落实，并且以校地对口帮扶形成的成功经验为基础，加强工作统筹，举全校之力提升帮扶能级。学校的"高端人才"直落基层，在澜沧江畔茶马古道穿过的昌宁大地上，进行组织化的社会服务，集聚了茶叶、柑橘、魔芋、蚕桑、基础教育、民族文化、基层治理、集体经济发展等领域的精英，他们在田间、企业、学校中贡献各自的智慧，他们在祖国的滇西边陲搭建起一个个重要的实践平台和服务窗口，发挥着桥梁纽带、示范引领和科研兴教的作用，全面推动滇西地区社会经济的综合发展，深化了民族团结进步工作的内涵，生动地把论文写在祖国大地上，写进昌宁人民的心中！

本书着力记录一支文化帮扶团队的文化帮扶工作，实际上是见微知著地对"组团式社会服务"的众多专家团队的一个立面展示。在弘扬中华优秀传统文化和熔铸民族团结生命线的工作中，"深耕"田野的团队成员与边疆人民建立起深厚的感情，他们牢记对口支援的初心和使命，始终坚持把社会调查与群众工作相结合，做好习近平总书记"绿水青山就是金山银山"生态文明思想的阐释与转化，推进县域内非物质文化遗产的传承保护，激发乡村文化新活力，涵养人民文化自信。文化帮扶团队也成为走进滇西高原，做好民族团结进步创建工作的"播种机"、"宣传队"和"助推器"。他们在昌宁县的文化挖掘与调查过程中突显共情力、充满生活烟火气，扎实地推进"六个一"的文化振兴工程落地。

高校对口支援地方也是重要的实践育人载体。要重视和加强第二课堂建设，重视实践育人，坚持教育同生产劳动和社会实践相结合，广泛开展各类社会实践，让学生在亲身参与中认识国情、了解社会，受教育、长才干。通过对口帮扶行动，文化帮扶团队采用流动的"坝坝课堂"，将田间地头、院落广场变为实践教学的新场域，推动第一课堂和第二课堂相向而行，校内实践与校外联动同步发力。西南大学文化帮扶团队的案例，鲜活地呈现了学校与政府、集体、村社共建共享的融合发展。"坝坝课堂""科技小院"实现了人文与科技实践载体的互促和互进,强化了社会服务团队工作的全面推进,在云南昌宁建构了研究生挂职锻炼、支农支教、科技服务的多元化实践育人体系,让青年学子"心中更有阳光,脚下更有力量"。

集思广益益更益,博采众长长更长。从对口帮扶工作的实践到文本书写的成稿,这一路走来,我们得到了贵州民族大学吴秋林教授,湖北民族大学李嘉教授,中共重庆市委党校姜申未老师、李月如老师,中国人民大学硕士生阳姗珊、潘明露,云南民族大学博士生刘晨旭,西南大学孙玉成教授夫妇、刘霁虹老师、付来友老师、庄伟老师、博士生唐欢、陈雪、硕士生杨俊、雷鑫、温立静、范婧怡、宋田昊楠、魏鲁昶和本科生谢莉利,长江大学刘国成等人员的集体支持,大家亲身参与了调研和影像记录等工作。文稿付梓之际,在此一并热忱感谢!

最后,我们要真诚地感谢湾甸乡的父老乡亲和坚守在基层的地方干部们的辛勤付出,因为有他们的鼎力支持,团队的调查工作才得以顺利开展。曾经,这里的傣族同胞用充满智慧的心灵创造出枯柯河畔最古老的文明,如今,他们用勤劳的双手继续耕耘着这片神奇的热土,用无畏的身心驻守着傣族文化的万江之源。西南大学与昌宁湾甸乡的结缘,文化帮扶团队的融入,为远方的坝子增添了一抹绿意,这一抹绿意在昌宁大地生根、生长,将会成为持续推进文化振兴为新时代乡村振兴强心铸魂的不竭动力!

在昌宁县开展定点文化帮扶,是时代赋予我们的历史使命和光荣任务。能够有幸曾经奋斗在人类历史上最波澜壮阔的减贫事业第一线,在学校的部署和关怀下一起去攻克最后的贫困堡垒,对这时代的荣光,我们倍感珍惜!

道阻且长,行则将至;行而不辍,未来可期!

程龙　田阡
2022年5月30日

特别感谢

本书受西南大学研究生教育高质量发展项目，重庆市教育教学改革重大项目"新时代铸牢中华民族共同体意识的人才培养模式改革研究与实践"（项目号：211007），重庆市高等教育教学改革研究项目重点项目"耕读教育视阈下的'中华农耕文明'课程建设研究"（项目号：222029），重庆市研究生教育教学改革研究重点项目"多元协同，培德植基：民族学专业研究生培养模式综合改革的实践创新与应用推广"（项目号：yjg192009），昌宁县民族文化挖掘与民族团结进步示范县创建支撑项目的支持！

鸣 谢

西南大学国内合作处
西南大学研究生院
西南大学社科处
西南大学历史文化学院民族学院
西南大学民族研究院
国家民委西南大学中华民族共同体研究基地
西南大学西南民族教育与心理研究中心